誡初心學人文
처음 발심한 학인들을 경계한 글

고려 보조 지눌 원저
활안 강의 · 보현 편저

불교정신문화원

머리말

계초심학인문(誡初心學人文)은 고려때 보조국사가 한국불교사원청규를 정립하기 위하여 편찬한 책이다.

그 이전에는 인도에서 제작된 비구율문 가운데 사미행자들이 익혀야 될 율행만을 뺀 사미율의(沙彌律儀)를 중국의 연지대사께서 지은 것을 중심으로 배우고 백장청규를 익혔는데 지역풍토와 시대 상황을 감안하여 한국적인 사원청규를 새로 개발한 것이다.

내용은 서론・본론・결론으로 나누어 볼 수 있는데
서론에서는 누구나 불자가 익혀야 할 기본 윤리 5계와 10계를 잘 가지고 범하고 열고 가릴 줄 알게 하면서 부처님의 말씀을 배경으로 용렬한 무리들의 말을 따르지 말아야 한다 하고,
본론에서는 1. 사미승청규와 2. 중요승청규, 3. 사당승청규로 세분하여 설명하였다.
첫째, 사미승청규에서는 사미승이 지켜야 할 율의(律儀) 20가지를 설명하고
둘째, 중요승청규에서는 대중처소에서 지켜야 할 도리 8가지를 설명하였고
셋째 사당승청규에서는 선방에서 지켜야 할 행위 7가지를 설명하였다.

그리고 결론에서는 바른 믿음에서 물러나지 않을 수 있는 여덟 가지 방법과 원만한 깨달음을 실현할 수 있는 방법 다섯 가지를 조심스럽게 설명하였다.
누구나 이 글 대로만 실천한다면 설사 다른 글을 배우지 못한다 하더라도

불자로써의 손색이 없는 행이 이루어질 것이며, 특히 대중이 함께 사는 절도량에서의 습의(習儀)가 만점에 가까이 될 수 있다고 생각된다.

글자 수로 말하면 한문으로 920여 자에 불과하지만 그 내용으로 보면 8만대장경의 경·율·론(經·律·論) 3장과 계·정·혜(戒·定·慧) 3학이 모두 갖추어 있으니 먼저 사경을 통하여 글자를 낱낱이 이해하고 다음에 음을 똑바로 읽고 세 번째로 글 뜻을 분명히 안 뒤에 내용의 조직적인 문장을 따라 각기 처해 있는 입장을 몸소 실천하기 바란다.

불기 2550년 병술년 6월 25일
대한불교 홍은선원 회주 활안 정섭

서 문

나는 일찍이 발심 출가하여 불도에 입문하였다. 그러나 관념적인 불교에 얽매여 오랫동안 절하고 염불하고 기도하는 것만으로 많은 세월을 보내왔다. 어쩌다가 도반들에게 특별한 선지식이 있다는 말만 들으면 밤잠을 자지 않고 찾아 뵙고 법문을 들었다. 그러나 막상 출가하여 몸소 체험을 해보니 관념불교만 가지고 되지 않는다는 것을 깨달았다.

활안 큰스님께 행을 익히면서 후배들을 지도하는 방법이 달라져야겠다는 생각도 들었다.

그래서 무조건 글자만 익히고 외워 왔던 초발심자경을 하나씩 하나씩 띄워 사경하고 읽고 외우고 번역해 보고, 또 다시 그 요령을 적어 정리한 강의를 들으니 천 번 듣던 것이 단번에 이루어진다는 것도 깨달았다.

그래서 나와 같이 고생하고 있는 후배들을 위하여 활안스님의 "계초심학인문"의 강의를 다음과 같이 정리해 본다. 공부인들은 한 번 읽고 쓰고 외워 자신의 행을 점검해보기 바란다.

세상에 태어나 처음 정리한 책이므로 서투른 점이 많을 것으로 생각된다. 그러나 용기를 가지고 선후배들의 간절한 가르침을 기대하면서 이 글을 출판하게 되었다.

여러 면에서 보살펴주신 활안 큰스님께 감사드린다.

2006년 6월 25일
안동 홍은선원 주지 보현 합장

목 차

머리말 (활안) 3
서문 (보현) 5

제1 사경편(寫經篇) 10
제2 독송편(讀誦篇) 68
제3 역문편(譯文篇) 76
제4 강령편(綱領篇) 85
제5 해설편(解說篇) 90
저자 보조국사(普照國師) 91
책이름 계초심학인문(誡初心學人文) 93
본문(本文) 94
  1. 서론(序論) 94
    (1) 악을 그치고 선행을 닦으라(止惡修善) 95
      ① 악한 벗을 멀리 여의고 95
      ② 어질고 착한 이를 친근히 하라 96
    (2) 기본윤리 오계와 십계 97
      ① 수계(受戒) 97
      ② 지범개차(持犯開遮) 101
    (3) 신행의 표적(標的) 102
      ① 오직 부처님의 말씀을 의지하라 102

② 용렬한 무리들의 망령된 말을 따르지 말라 ················ 103
2. 본론(本論) ··· 104
　(1) 부드러운 마음으로 화합하고 잘 순종하라(柔和善順) ········ 105
　(2) 위아래 질서를 잘 지켜라(上下差別) ······························ 106
　(3) 다투는 자가 있으면 화합시켜라 ···································· 107
　(4) 논설 시비하지 말라(論說是非) ····································· 108
　(5) 재물과 색의 화를 살피라(財色之禍) ····························· 109
　(6) 출입을 경계하다(出入警誡) ··· 110
　(7) 비밀을 탐색하지 말라(秘密探索) ································· 111
　(8) 세탁할 때의 주의사항(洗濯注意) ································· 111
　(9) 세수하고 양치질하는 법(盥漱法) ································· 112
　(10) 분배하는 법(分配法) ·· 113
　(11) 경행법(經行法) ·· 114
　(12) 언어법(言語法) ·· 115
　(13) 출행법(出行法) ·· 115
　(14) 환자 간호법(看護法) ·· 116
　(15) 손님 접대법(接待法) ·· 116
　(16) 어른 섬기는 법(尊待法) ·· 117
　(17) 도구를 판단할 때(辨道具) ·· 119
　(18) 공양의식(供養儀式) ·· 119
　　① 소리가 나지 않게 하라(無作聲) ································ 120
　　② 편안하게 조심해서 하라 ··· 121
　　③ 낯을 들어 돌아보지 말라(不顧視) ···························· 122
　　④ 가려 먹지 말라(不揀擇) ··· 123
　　⑤ 조용히(沈黙行) ·· 124
　　⑥ 잡된 생각을 하지 말라 ··· 125
　　⑦ 공양의 참뜻 ··· 126
　(19) 예불하는 법(禮佛法) ·· 138
　　① 게으름 없이 부지런히 하라(勤嘖行懈) ······················· 138

② 대중이 행하는 절차(大衆節次) ································· 139
③ 찬패축원(讚唄祝願) ··· 142
(20) 참회법(懺悔法) ·· 145
① 죄장이 산과 바다와 같은 줄 알라(罪障山海) ··············· 145
② 이참사참(理懺事懺) ··· 146
③ 절은 참 마음으로(禮拜眞性) ································ 149
④ 영향상종(影響相從) ··· 149
2. 중요승청규(衆寮僧淸規) ··· 150
(1) 서로서로 보호하라(相互扶護) ································· 151
(2) 쟁론승부(諍論勝負) ··· 152
(3) 한화주의(閒話注意) ··· 152
(4) 신을 잘 신으라 ··· 152
(5) 차서를 넘지 말라(警誡次序) ···································· 153
(6) 손님을 대하여 말하는 법(言談法) ······························ 154
① 불사만 찬탄하라(讚嘆佛事) ································ 154
② 의혹심을 내지 않게 하라(不生疑惑) ······················ 155
(7) 유행법(遊行法) ··· 155
① 주현에 놀러나가지 말라(不遊州縣) ······················· 156
② 속인과 사교하지 말라(不俗交通) ·························· 156
(8) 출행법(出行法) ··· 157
① 바른 생각을 굳게 가지라(堅志正念) ······················ 157
② 삿되게 놀아나지 말라(不蕩邪心) ·························· 158
③ 비시식(非時食) ··· 158
④ 지혜롭게 행동하라(智慧人行) ····························· 161
3. 사당승청규(社堂僧淸規) ··· 161
(1) 사미와 함께 하지 말라(愼沙彌) ································· 162
(2) 인사 차례를 주의하라(愼人事) ·································· 163
(3) 좋고 나쁜점 보지 말라(愼好惡) ································· 163
(4) 문자를 조심하라(愼文字) ·· 164

- (5) 수면을 과도하게 하지 말라(愼睡眠) ·· 164
- (6) 반연을 쉬라(愼攀緣) ·· 165
- (7) 법문 듣는 방법(聽法法) ·· 166
  - ① 현애상(懸崖想)과 관문상(慣聞想) ·· 166
  - ② 생각을 비우고 들으라(虛懷聞) ·· 167
  - ③ 우지학(愚智學) ·· 167
- (8) 법사를 존경하라(敬法師) ·· 168
  - ① 법주를 업신여기지 말라(不生輕薄想) ·· 169
  - ② 논증(論證) ·· 170
  - ③ 법문 듣는 자세(聞法姿勢) ·· 170

3. 결론(結論) ·· 171
- (1) 바른 믿음에서 물러나지 말라(正進不退) ·· 172
  - ① 바른 믿음으로 도를 삼으라(正信爲道) ·· 172
  - ② 번뇌습기(煩惱習氣) ·· 172
  - ③ 가행방편(加行方便) ·· 173
  - ④ 천선개회(遷善改悔) ·· 174
  - ⑤ 관력연마(觀力鍊磨) ·· 174
  - ⑥ 난조지상(難遭之想)과 경행지심(慶幸之心) ·· 175
- (2) 각행원만(覺行圓滿) ·· 176
  - ① 인격완성(人格完成) ·· 176
  - ② 광도중생(廣度衆生) ·· 176
  - ③ 절수면지(切須勉之) ·· 177

제1 사경편(寫經篇)

본문을 먼저 세 번씩 쓰고
무슨 글자인줄 낱낱이 보고 읽고
다음에 뜻을 새겨보세요.

文	人	學	心	初	誡
문	인	학	심	초	계

述	子	牛	牧		門	沙	東	海
술	자	우	목		문	사	동	해

誡-경계할 계　　初-처음 초　　心-마음 심
學-배울 학　　人-사람 인　　文-글월 문
海-바다 해　　東-동녘 동　　沙-모래 사
門-문 문　　　牧-기를 목　　牛-소 우
子-아들 자　　述-지을 술

해동 사문(동해 동쪽에 사는 스님) 목우자 술(기술·찬술)

夫 初 心 之 人　　須 遠 離 惡
부　초　심　지　인은　　수　원　리　악

友　　親 近 賢 善　　受 五 戒
우　하고　친　근　현　선　하야　수　오　계

夫 – 대저 부
戒 – 경계 계 (五戒·十戒 등)
等 – 무리 등 (다수 또는 나머지를 통틀어 포함하는 말)

무릇 처음 발심한 사람은 모름지기 악한 벗을 멀리 여의고
어질고 착한 이를 친근히 하야
5계와 10계 등을 받아 가지고

十	戒	等		善	知	持	犯	開	遮
십	계	등	하야	선	지	지	범	개	차

	但	依	金	口	聖	言		莫	順
하리라	단	의	금	구	성	언	지언정	막	순

遮 – 막을 차
莫 – 없을 막

잘 가지고 범하고 열고 가릴 줄을 알아야 하느니라.
단지 금구성언(부처님 말씀) 의지할지언정
용렬한 무리들의 망녕된 말을 따르지 말라.

庸	流	妄	說		旣	已	出	家	
용	류	망	설	이어다	기	이	출	가	하야

參	陪	淸	衆		常	念	柔	和	善
참	배	청	중	인대	상	념	유	화	선

庸 - 어리석을 용
已 - 이미 이(벌써)
參 - 참여할 참, 뵐 참
陪 - 모실 배

이미 출가하여 청정한 대중에 참배하였다면
항상 부드럽고 평화롭고 착하게
따를 것을 생각할지언정

順		不	得	我	慢	貢	高		大
순	이언정	부	득	아	만	공	고	어다	

者		爲	兄		小	者		爲	弟
자	는	위	형	하고	소	자	는	위	제

慢 – 거만할 만, 방자할 만
貢 – 뽐낼 공
高 – 높을 고

아만 공고하지 말라.
큰 사람은 형님을 삼고
작은 사람은 동생을 삼으라.

儻	有	諍	者	兩	說	和
나라		어든		로		화

合	但	以	慈	心	相	向	不
합하야	단	이	자	심	상	향 이언정	부

∞

儻 – 혹시 당 (만일, 어쩌다가)
諍 – 다툴 쟁 '爭'과 소字

어쩌다가 다투는 자가 있거든
두 말로 화합하여
단지 자비심으로 서로 향하게 할지언정

得	惡	語	傷	人		若	也	欺	同
득	악	어	상	인이어다		약	야	기	동

伴		論	說	是	非		如	此	出
반하야		논	설	시	비인대		여	차	출

凌 – 업신여길 릉 '陵'과 통용

악한 말로 사람을 상하게 하지 말라.
만약 한 가지 벗을 속이고
업신여겨 논설 시비한다면
이와 같은 출가는

家		全	無	利	益		財	色	之
가	는	전	무	이	익	이니라	재	색	지

禍		甚	於	毒	蛇		省	己	知
화	는	심	어	독	사	하니	성	기	지

禍 – 재앙 화
省 – 깨달을 성, 살필 성

온전히 이익이 없을 것이다.
재물과 색의 화는 독사보다 심해서
그름을 알아

非		常	須	遠	離		無	緣	事
비	하야	상	수	원	리	어다	무	연	사

則	不	得	入	他	房	院		當	屏
즉	부	득	입	타	방	원	하며	당	병

緣-말미암을 연, 연줄 연, 인연 연
院-집 원
屏-가릴 병 (가려 막음)

항상 모름지기 멀리 여의라.
인연한 일이 없으면 남의 방에 들어가지 말고
병처(가린 곳)를 당하여

處		不	得	强	知	他	事		非
처	하야	부	득	강	지	타	사	하며	비

六	日		不	得	洗	浣	内	衣	
육	일	이어든	부	득	세	완	내	의	하며

强 – 억지로 강 (무리하게)
洗 – 씻을 세
浣 – 빨 완, 씻을 완

굳이 남의 일을 알려고 하지 말며,
6일이 아니면 속옷을 빨지 말라.

臨	盥	漱		不	得	高	聲	涕	唾
임	관	수	하야	부	득	고	성	체	타

	行	益	次		不	得	搪	突	越
하며	행	익	차	에	부	득	당	돌	월

盥 – 씻을 관, 대야 관　　　漱 – 양치질할 수
涕 – 눈물 체 '注' 참조　　　唾 – 침뱉을 타
搪 – 부딪칠 당, 당돌할 당　突 – 부딪칠 돌, 당돌할 돌

관수에 임하여 소리 높여 침 뱉고 코 풀지 말고
이익되는 일을 행할 때는 당돌이 차서를 넘지 말고

序		經	行	次		不	得	開	襟
서	하며	경	행	차	에	부	득	개	금

掉	臂		言	談	次		不	得	高
도	비	하며	언	담	차	에	부	득	고

序 – 차례 서
襟 – 옷깃 금 '衿)과 소子
掉 – 흔들 도
臂 – 팔 비, 팔뚝 비

경행할 때는 옷깃을 헤치고 팔을 흔들지 말라.
말을 할 때는 높은 소리로

聲戲笑 非要事 不得
성 희 소 하며 비 요 사 어든 부 득

出於門外 有病人 須
출 어 문 외 하며 유 병 인 이어든

要 – 종요로울 요 (중요 함)
接 – 대접할 접, 가까이할 접

희롱하는 웃음을 짓지 말고
중요한 일이 아니면 문 밖에 나가지 말라.
병든 사람이 있으면

慈心守護하며 見賓客이어든 須
欣然接하며 逢尊長이어든 須肅

賓―손님 빈
欣―기뻐할 흔

자비심으로 수호하고
손님을 보거든 흔연히 영접하라.
존장을 만나거든 공손히 자리를 피해드리고

肅	恭	廻	避		辨	道	具		須
숙	공	회	피	하며	판	도	구	호대	수

儉	約	知	足		齊	食	時		飮
검	약	지	족	하며	제	식	시	에	음

辨 – 갖출 판, 판단할 판
具 – 그릇 구, 갖출 구
齊 – 가지런할 제, 평등재, 제사제

도구를 판단하되 검약한 것으로 만족하라.
재시에는 마시고

啜		不	得	作	聲		執	放	
철을		부	득	작	성하며		집	방에	

要	須	安	詳		不	得	擧	顔	顧
요	수	안	상하야		부	득	거	안	고

啜 – 마실 철, 먹을 철
要 – 반드시 요, 중요할 요

씹는 소리가 나지 않게 하고
숟가락 젓가락을 들고 놓을 때 편안히 하여
소리가 나지 않게 하고
낯을 들어 돌아보지 말고

視　不得欣厭精麤　須
시　하며 부 득 흔 염 정 추 하고 수

默無言說　須防護雜念
묵 무 언 설 하여 수 방 호 잡 념

麤 - 거칠 추

정갈한 것을 좋아하고
거치른 것을 싫어하지도 말고
모름지기 묵묵히 말이 없이 하되
잡된 생각을 막고

	須	知	受	食		但	療	形	枯
하며	수	지	수	사	—	단	료	형	고

	爲	成	道	業		須	念	般	若
하야	위	성	도	업	하며	수	념	반	야

食－① 밥 사　② 먹을 식　여기서는 '①'의 뜻.
療－고칠 료

음식을 받는 것이 단지 형체 마음을 치료하여
도업을 이루기 위한 것으로 알고
반야심경을 생각하되

心	經	호대	觀	三	輪	淸	淨	하야	不
심	경		관	삼	륜	청	정		불

違	道	用	이어다	赴	焚	修	호대	須	早
위	도	용		부	분	수		수	조

∞

赴 – 다다를 부
焚 – 불사를 분

3륜이 청정한 것으로 관하여
도 닦는 마음을 어기지 말라.
분수에 나아가되

暮	勤	行		自	責	懈	怠		知
모	근	행	하야	자	책	해	태	하며	지

衆	行	次		不	得	雜	亂		讚
중	행	차	에	부	득	잡	란	하며	찬

懈 – 게으를 해
怠 – 게으를 태

아침 저녁으로 부지런히 행하여
스스로 게으름을 꾸짖고
대중이 행하는 절차를 알아
잡되고 어지럽게 하지 말라.

唄	祝	願		須	誦	文	觀	義
패	축	원 호대		수	송	문	관	의 언정

不	得	但	隨	音	聲		不	得	韻
부	득	단	수	음	성 하며		부	득	음

須 – 모름지기 수
韻 – 운치 음

범패로써 찬탄 축원하되 글을 외우고
뜻을 관할지언정 단지 소리만 따르지 말라.
음곡을 고르게 하여

曲	不	調		瞻	敬	尊	顔		不
곡	부	조	하며	첨	경	존	안	호대	부

得	攀	緣	異	境		須	知	自	身
득	반	연	이	경	이어다	수	지	자	신

曲 – 가락 곡, 곡조 곡
瞻 – 볼 첨

우러러 존안을 바라보되
다른 경계에 반연하지 말라.
모름지기 자신의

罪	障		猶	如	山	海		須	知
죄	장	이	유	여	산	해	하야	수	지

理	懺	事	懺		可	以	消	除	
이	참	사	참	으로	가	이	소	제	하며

猶 – 오히려 유, 마치 ~와 같다.
攀 – 더위잡고 오를 반, 열반 반
懺 – 뉘우칠 참

죄장이 산과 바다와 같은 것으로 생각하여
이치적으로 사실적으로 참회하여 녹여 없애고

深	觀	能	禮	所	禮		皆	從	眞
심	관	능	례	소	례	-	개	종	진

性	緣	起		深	信	感	應		不
성	연	기	하며	심	신	감	응	이	불

深 – 깊을 심
皆 – 다 개
從 – 좇을 종

깊이 절을 하고 절을 받는 것이
다 참 성품을 좇아 일어나
깊이 감응이 헛되지 않아

虛	影	響	相	從	居	衆	寮
허 호대	영	향	상	종 하며	거	중	료

	須	相	讓	不	爭	須	互	相
호대	수	상	양	부	쟁 하며	수	호	상

寮 – 집 료
讓 – 사양할 양

그림자와 메아리가,
서로 따르는 것으로 믿으라.
대중처소에 살 때는 서로 사양하여 다투지 말고
서로 서로 붙들어

제1 사경편(寫經篇) 35

扶	護		愼	諍	論	勝	負		愼
부	호	하며	신	쟁	론	승	부	하며	신

聚	頭	閒	話		愼	誤	着	他	鞋
취	두	한	화	하며	신	오	착	타	혜

負-질 부
鞋-신 혜

보호하고 쟁론승부를 삼가 하고,
머리를 맞대고 한가한 말 하는 것을 삼가 하고
남의 신 잘못 신지 말고

	愼	坐	臥	越	次		對	客	言
하며	신	좌	와	월	차	하며	대	객	언

談		不	得	揚	於	家	醜		但
담	에	부	득	양	어	가	추	하고	단

揚 – 나타낼 양 (드러냄)
醜 – 추할 추 (언행이 더러움)

앉고 눕는 자리를 넘어서지 말고
객을 대하여 말을 할 때는
집안의 더러운 것을 들춰내지 말고

讚	院	門	佛	事		不	得	詣	庫
찬	원	문	불	사	언정	부	득	예	고

房		見	聞	雜	事		自	生	疑
방	하야	견	문	잡	사	하고	자	생	의

詣 – 이를 예 (장소에 감)
庫 – 곳집 고

단지 집안의 불사를 찬탄할지언정
고방에 나아가 잡된 일을 보고 듣고
스스로 의혹을 내지 말라.

惑		非	要	事		不	得	遊	州
혹	이어다	비	요	사	어든	부	득	유	주

獵	縣		與	俗	交	通		令	他
엽	현	하야	여	속	교	통	하야	영	타

∽─────────────

惑 — 미혹할 혹(의심이 나서 정신이 햇갈리고 어지러움)
獵 — 사냥 렵
與 — 줄 여, 더불어 여

중요한 일이 아니면 주와 현에 나가 놀면서
속인들과 사겨 남의 미움에 대상이 되어

憎	嫉		失	自	道	情		儻	有
증	질	하고	실	자	도	정	이어다	당	유

要	事	出	行		告	住	持	人	
요	사	출	행	이어든	고	주	지	인	과

嫉 — 시새음할 질 (시기함)
儻 — 갑자기 당, 만일 당, 어쩌다가 당

스스로 도 닦아가는 뜻을 잃지 않게 하라.
어쩌다가 중요한 일이 출행하게 되면
주지스님과

及管衆者 令知去處
급 관 중 자 하야 영 지 거 처 하며

若入俗家 切須堅持正
약 입 속 가 어든 절 수 견 지 정

管 — 맡을 관 (주관함)
令 — 명령 령, 우두머리 령
若 — 만약 약, 같을 약

대중을 관리하는 사람에게 가는 곳을 알리고
만일 속가에 들어가게 되면
간절히 모름지기 굳게 바른 생각을 갖고

念愼勿見色聞聲流
념 호대 신 물 견 색 문 성 하고 유

蕩邪心 又況披襟戲笑
탕 사 심 이온 우 황 피 금 희 소

蕩 — 방탕할 탕
披 — 열 피, 펼 피, 입을 피

색을 보고 소리를 듣고
삿된 마음으로 놀아나지 말라.
하물며 옷깃을 헤치고 희롱하는 웃음을 웃고

	亂	說	雜	事		非	時	酒	食
하야	난	설	잡	사	하며	비	시	주	식

	妄	作	無	碍	之	行		深	乖
으로	망	작	무	애	지	행	하야	심	괴

∞

妄 — 거짓 망, 허망할 망
碍 — 거리낄 애 '礙'의 俗子
乖 — 어그러질 괴

어지럽게 잡된 일을 말하며
때 아닌 때 술과 밥으로
망녕스리 걸림없는 행을 지어

佛	戒		又	處	賢	善	人		嫌
불	계	야따녀	우	처	현	선	인	의	혐

疑	之	間		豈	爲	有	智	慧	人
의	지	간	이면	기	위	유	지	혜	인

∞―――――

嫌 – 혐의 혐 (의심스러움)
豈 – 어찌 기, 반어의 조사

깊이 부처님의 계를 어겨서야 되겠느냐.
또 어질고 착한 사람들이 혐의하는 사이에 끼이면
어떻게 지혜있는 사람이라 할 수 있겠느냐.

也		住	社	堂		愼	沙	彌	同
야	이리오	주	사	당	호대	신	사	미	동

行		愼	人	事	往	還		愼	見
행	하며	신	인	사	왕	환	하며	신	견

社 – 단체 사, 땅귀신 사
彌 – 더욱 미, 퍼질 미, 찰 미

사당(선방)에 거주할 때는
사미승들과 함께 하는 것을 삼가 하고
분주하게 인사치례 하는 것을 삼가 하고

他	好	惡		愼	貪	求	文	字	
타	호	악	하며	신	탐	구	문	자	하며

愼	睡	眠	過	度		愼	散	亂	攀
신	수	면	과	도	하며	신	산	란	반

度 – 정도 도, 건널 도
攀 – 매달릴 반, 더위잡을 반

남의 좋고 나쁜 것 보는 것 삼가 하고
문자를 탐하여 구하지 말고
수면을 과도하게 하지 말며
어지럽게 반연하지 말라.

緣	若	遇	宗	師	陞	座	說
연 이어다	약	우	종	사	승	좌	설

法	切	不	得	於	法	作	懸
법 이어든	절	부	득	어	법에	작	현

陞 – 오를 승 '升'과 仝字
懸 – 현격할 현, 멀리 현

만약 종사스님께서 그 자리에 올라
설법하시게 되거든
간절히 법에 대하여

제1 사경편(寫經篇)

崖	想		生	退	屈	心		或	作
애	상	하야	생	퇴	굴	심	하며	혹	작

慣	聞	想		生	容	易	心		當
관	문	상	하야	생	용	이	심	하고	당

崖 – 낭떨어지 애
屈 – 굽힐 굴
慣 – 익숙할 관 '貫'과 소字

현애상을 지어 퇴굴심을 내지 말고
혹 늘 습관적으로 들은 것이라 생각하여
용이심을 내지 말고

須虛懷聞之　必有機之
수 허 회 문 지 하면　필 유 기 지

時　不得隨學語者　但
시 하리니　부 득 수 학 어 자 하야　단

懷 – 마음 회, 생각 회
機 – 기틀 기, 실마리 기
隨 – 따를 수

마땅히 생각을 비워 들으면
반드시 마음을 촉발할 때가 있을 것이니
시러금 말 배우는 사람들을 따라

取	口	辦		所	謂	蛇	飮	水	
취	구	판	이어다	소	위	사	음	수	하면

成	毒		牛	飮	水		成	乳	
성	독	하고	우	음	수	하면	성	유	인달하야

辦 – 판별할 판, 힘쓸 판
謂 – 이를 위

단지 입으로만 판단하지 말라.
소위 뱀이 물을 마시면 독을 이루고
소가 물을 마시면 젖을 이루듯

知	學		成	菩	提		愚	學
지	학	은	성	보	리	하고	우	학은

成	生	死		是	也		又	不	得
성	생	사	라하니	시	야	니라	우	부	득

菩 – 보리 보, 보살 보
提 – 끌 제, 방패 제, 여기에서는 '리'라 읽음

지혜있는 사람의 배움은 깨달음을 이룰 것이고,
어리석은 사람의 배움은
생사를 이룬다 한 것이 이것이다.

於	主	法	人		生	輕	薄	想	
어	주	법	인	에	생	경	박	상	하라

因	之	於	道		有	障		不	能
인	지	어	도	에	유	장	하면	불	능

薄 — 가벼울 박, 엷을 박
障 — 막을 장
能 — 능할 능

또 주법인에 대하여 경박상을 내지 말라.
어쩌다가 도에 장애가 있으면

進	修		切	須	愼	之		論	
진	수	하리니	절	수	신	지	이다	논	에

云		如	人		夜	行		罪	人
운	호대	여	인	이	야	행	에	죄	인

切 – 끊을 절, 온통 체
云 – 이를 운, 어조사 운

닦아 나아가지 못할 것이니
간절히 모름지기 삼가 하라.
논에 이르기를 어떤 사람이 밤길을 가는데
죄인이

| 이 | 執 집 | 炬 거 | 當 당 | 路 로 | 어든 | 若 약 | 以 이 | 人 인 | 惡 악 |

| 故 고 | 로 | 不 불 | 受 수 | 光 광 | 明 명 | 하면 | 墮 타 | 坑 갱 | 落 락 |

炬 — 횃불 거
惡 — 악할 악, 미울 오
故 — 옛 고, 본래 고
坑 — 구덩이 갱

횃불을 들고 거리에 나오면 사람이 나쁘다고 하여
빛을 받지 아니하면 구렁에 떨어지고

塹去矣 聞法之次 如
참 거 의 라하시니 문 법 지 차 에 여

履薄氷 必須側耳目而
리 박 빙 하야 필 수 측 이 목 이

塹 – 해자 참
矣 – 어조사 의
履 – 밟을 리, 신 리

구렁에 떨어져 가게 될 것이다 하였으니
법을 들을 때는 엷은 얼음을 밟아가는 것 같이 하여
반드시 귀와 눈을 기울여

聽	玄	音		肅	情	塵	而	賞	幽
청	현	음	하며	숙	정	진	이	상	유

致		下	堂	後		默	坐	觀	之
치	라가	하	당	후	에	묵	좌	관	지

玄 – 오묘할 현, 깊을 현
肅 – 엄숙할 숙
※ '賞' – 본작 '嘗'

그윽한 말씀을 듣고 감정을 가라앉혀
깊이 있게 감상하다가
당에 내려와서는 묵묵히 앉아 관찰하되

호대	如 여	有 유	所 소	疑 의어든		博 박	問 문	先 선	覺 각

하며	夕 석	惕 척	朝 조	詢 순	하야	不 불	濫 람	絲 사	髮 발

惕－삼갈 척 (공손히 연구하여 조심함)
詢－물을 순
濫－넘칠 람, 함부로 람

만일 의심이 있으면 널리 먼저 깨달은 사람들에게 묻고
저녁에 묻고 아침에 물어
털끝만큼도 넘어서지 않게 하라.

如	是		乃	可	能	生	正	信
이어다 여	시 라야		내	가	능	생	정	신

以	道	爲	懷	者	歟		無	始
하야 이	도	위	회	자	여 인져		무	시

∞

是 — 옳을 시
以 — 써 이, ~로써
歟 — 그런가 여 (의문사·추측사·부정사)

이와같이 하여야 가히 능히 바른 믿음을 내어
도를 생각하는 사람이 될 것이다.

習	熟		愛	欲	恚	癡		纏	綿
습	숙	하야	애	욕	에	치	-	전	면

意	地		暫	伏	還	起		如	隔
의	지	하야	잠	복	환	기	호대	여	격

∞

恚 – 성낼 에, 本音은 '혜'
纏 – 얽을 전
綿 – 얽힐 면, 감길 면
隔 – 막을 격

비롯함이 없이 익힌 애욕과
성냄·어리석음이 뜻에 솜 얽히듯 하여
잠깐 엎드렸다 도리어 일어나는 것이

日	瘧		一	切	時	中		直	須
일	학	하나니	일	체	시	중에		직	수

用	加	行	方	便	智	慧	之	力	
용	가	행	방	편	지	혜	지	력	하야

∞

瘧 — 학질 학
直 — 바로 직

마치 하루 거리 학질과 같나니
일체 시중에 바로 모름지기 더욱더 실천할 수 있는
편리한 방편과 지혜의 힘을 써서

痛自遮護 豈可閒謾
통 자 차 호 언정 기 가 한 만 으로

遊談無根 虛喪天日
유 담 무 근 하야 허 상 천 일 하고

謾 – 게으를 만
喪 – 잃을 상

아프게 스스로 가리고 보호할지언정
어찌 가히 한가한 말로 떠돌아다니는
근거없는 말을 하며
헛되이 세월을 보내면서

欲	冀	心	宗	而	求	出	路	哉	
욕	기	심	종	이	구	출	로	재	리오

但	堅	志	節		責	躬	匪	懈	
단	견	지	절	하야	책	궁	비	해	하며

∞──────────

欲 — 바랄 욕 (원함)
冀 — 바랄 기 (하고자 함)
匪 — 아닐 비 '非'자와 순字
懈 — 게으를 해

마음의 근본을 깨달아 벗어나고자 하리요.
단지 지조와 절개를 굳게 하여
몸의 그름과 게으름을 꾸짖고

知非遷善　改悔調柔
지 비 천 선 하야 개 회 조 유 어다

勤修而觀力　轉深　鍊
근 수 이 관 력 이 전 심 하고 연

柔 - 부드러울 유
鍊 - 익힐 련 (사물에 익숙하게 함)

그름을 알아 착한 길로 옮겨
뉘우쳐 고쳐 나가야 할 것이다.
부지런히 닦으면 관하는 힘이 깊어지고

제1 사경편(寫經篇) 63

磨	而	行	門		益	淨		長	起
마	이	행	문이		익	정하리라		장	기

難	遭	之	想		道	業		恒	新
난	조	지	상하면		도	업이		항	신

淨 – 깨끗할 정
遭 – 만날 조

갈고 단련하면 행하는 문이 더욱 깨끗해질 것이다.
깊이 만나기 어려운 생각을 하면
도업이 새로워지고 항상

常	懷	慶	幸	之	心		終	不
하고 상	회	경	행	지	심 하면	종	불

退	轉		如	是	久	久		自	然
퇴	전 하리니	여	시	구	구 하면	자	연

∞

常 – 항상 상
轉 – 구를 전

경사스럽고 다행한 마음을 가지면
마침내 퇴전하지 아니할 것이다.
이렇게 오래오래 하면 저절로

定慧圓明　見自心性하며
정　혜　원　명　하야　견　자　심　성

用如幻悲智　還度衆生하야
용　여　환　비　지　하야　환　도　중　생

幻 — 허깨비 환, 변할 환
還 — 다시 환, 도리어 환 卽也, 後也
度 — 건널 도 '渡'와 仝字

선정과 지혜가 뚜렷이 밝아져서
자기 마음의 성품을 보고
환과 같은 자비지혜를 써서 도리어 중생을 제도하여

하야	作 작	人 인	天 천	大 대	福 복	田 전 하리니		切 절	須 수

勉 면	之 지어다								

∽────

作 – 지을 작
勉 – 힘쓸 면, 권면할 면

인천의 복전이 될 것이니
간절히 모름지기 힘쓸지어다.

제2 독송편(讀誦篇)

독송편은 천수 반야심경을 외우듯이
옛 서당식 방법으로 읽되
혹 목탁치며 여러 사람이 함께
소리 높여 읽어도 좋음

계초심학인문
誡初心學人文

해동사문 목우자 술
海東沙門 牧牛子 述

부초심지인   수원리악우   친근현선
夫初心之人은 須遠離惡友하고 親近賢善하야

수오계십계등   선지지범개차   단의금
受五戒十戒等하야 善知持犯開遮호리라 但依金

구성언   막순용류망설   기이출가
口聖言이언정 莫順庸流妄說이어다 旣已出家하야

참배청중   상념유화선순   부득아만공
參陪聽衆인대 常念柔和善順이언정 不得我慢貢

고   대자   위형   소자   위제   당
高어다 大者는 爲兄하고 小者는 爲弟니라 儻

유쟁자   양설   화합   단이자심상향
有諍者어든 兩說로 和合하야 但以慈心相向

부득악어상인   약야기릉동반   논
이언정 不得惡語傷人이어다 若也欺凌同伴하야 論

설시비　　여차출가　　전무이익　　　재색
說是非인대　如此出家는　全無利益이니라　財色

지화　　심어독사　　성기지비　　상수원리
之禍는　甚於毒蛇하니　省己知非하야　常須遠離

　　무연사즉부득입타방원　　당병처　　부
어다　無緣事則不得入他房院하며　當屛處하야　不

득강지타사　　비육일　　부득세완내의
得强知他事하며　非六日이어든　不得洗浣內衣하며

임관수　　부득고성체타　　행익차　　부득
臨盥漱하야　不得高聲涕唾하며　行益次에　不得

당돌월서　　경행차　　부득개금도비　　언
搪突越序하며　經行次에　不得開襟掉臂하며　言

담차　　부득고성희소　　비요사　　부득출
談次에　不得高聲戲笑하며　非要事어든　不得出

어문외　　유병인　　수자심수호　　견빈
於門外하며　有病人이어든　須慈心守護하며　見賓

객　　수흔연영접　　봉존장　　수숙공회
客이어든　須欣然迎接하며　逢尊長이어든　須肅恭廻

피　　판도구　　수검약지족　　제식시
避하며　辦道具호대　須儉約知足하며　齊食時에

음철　　부득작성　　집방　　요수안상　　부
飮啜을　不得作聲하며　執放에　要須安詳하야　不

득거안고시　　부득흔염정추　　수묵무언설
得擧顔顧視하며 不得欣厭精麤하고 須黙無言說

　　수방호잡념　　수지수식　　단료형고
하여 須防護雜念하며 須知受食이 但療形枯하야

위성도업　　수념반야심경　　관삼륜청정
爲成道業하며 須念般若心經호대 觀三輪淸淨

　　불위도용　　부분수　　수조모근행
하야 不違道用이어다 赴焚修호대 須早暮勤行하야

자책해태　　지중행차　　부득잡란　　찬패
自責懈怠하며 知衆行次에 不得雜亂하며 讚唄

축원　　수송문관의　　부득단수음성　　부
祝願호대 須誦文觀義언정 不得但隨音聲하며 不

득음곡부조　　첨경존안　　부득반연이경
得韻曲不調하며 瞻敬尊顔호대 不得攀緣異境

　　수지자신죄장　　유여산해　　수지이참
이어다 須知自身罪障이 猶如山海하야 須知理懺

사참　　가이소제　　심관능례소례　　개종
事懺으로 可以消除하며 深觀能禮所禮가 皆從

진성연기　　심신감응　　불허　　영향상종
眞性緣起하며 深信感應이 不虛호대 影響相從

　　거중료　　수상양부쟁　　수호상부호
하며 居衆寮호대 須相讓不爭하며 須互相扶護하며

제2 독송편(讀誦篇)

신쟁론승부　　　신취두한화　　　신오착타혜
愼諍論勝負하며　愼聚頭閒話하며　愼誤着他鞋

　　　신좌와월차　　　대객언담　　부득양어가
하며 愼坐臥越次하며 對客言談에 不得揚於家

추　　단찬원문불사　　　부득예고방　　　견문
醜하고 但讚院門佛事언정 不得詣庫房하야 見聞

잡사　　　자생의혹　　　비요사　　　부득유주
雜事하고 自生疑惑이어다 非要事어든 不得遊州

엽현　　　여속교통　　　영타증질　　　실자도정
獵縣하야 與俗交通하야 令他憎嫉하고 失自道情

　　　당유요사출행　　　고주지인　　　급관중
이어다 儻有要事出行이어든 告住持人과 及管衆

자　　　영지거처　　　약입속가　　　절수견지정
者하야 令知去處하며 若入俗家어든 切須堅持正

념　　　신물견색문성　　　유탕사심　　　　우황
念호대 愼勿見色聞聲하고 流蕩邪心이온 又況

피금희소　　　난설잡사　　　비시주식　　　　망
披襟戲笑하야 亂說雜事하며 非時酒食으로 妄

작무애지행　　　심괴불계　　　우처현선인
作無碍之行하야 深乖佛戒아따녀 又處賢善人의

혐의지간　　　기위유지혜인야　　　　주사당
嫌疑之間이면 豈爲有智慧人也이리오 住社堂호대

신사미동행　　신인사왕환　　신견타호오
愼沙彌同行하며 愼人事往還하며 愼見他好惡하며

신탐구문자　　신수면과도　　신산란반연
愼貪求文字하며 愼睡眠過度하며 愼散亂攀緣

　　약우종사 - 승좌설법　　절부득어법
이어다 若遇宗師　　陞座說法이어든 切不得於法

　작현애상　　생퇴굴심　　혹작관문상
에 作懸崖想하야 生退屈心하며 或作慣聞想하야

생용이심　　당수허회문지　　필유기발지
生容易心하고 當須虛懷聞之하면 必有機發之

시　　부득수학어자　　단취구판　　소
時하리니 不得隨學語者하야 但取口辦이어다 所

위사음수　　성독　　우음수　　성유
謂蛇飲水하면 成毒하고 牛飲水하면 成乳인달하야

지학　성보리　　우학　성생사　　시야
知學은 成菩提하고 愚學은 成生死라함이 是也

　　우부득어주법인　　생경박상　　인지어
니라 又不得於主法人에 生輕薄想하라 因之於

도　유장　　불능진수　　절수신지
道에 有障하면 不能進修하리니 切須愼之어다

논　운　　여인　야행　　죄인　집거당
論에 云호대 如人이 夜行에 罪人이 執炬當

로　　약이인오고　　불수광명　　타갱낙참
路 어든　若以人惡故 로　不受光明 하면　墮坑落塹

거의　　　문법지차　　여리박빙　　필수측
去矣 라하시니　聞法之次 에　如履薄氷 하야　必須側

이목이청현음　　숙정진이상유치　　　하당
耳目而聽玄音 하며　肅情塵而賞幽致 라가　下堂

후　　묵좌관지　　여유소의　　박문선각
後 에　黙坐觀之 호대　如有所疑 어든　博問先覺 하며

석척조순　　불람사발　　여시　　내가능
夕惕朝詢 하야　不濫絲髮 이어다　如是 라야　乃可能

생정신　　이도위회자여　　무시습숙　　애
生正信 하야　以道爲懷者歟 인져　無始習熟 한　愛

욕에치 - 전면의지　　잠복환기　　여격일
欲恚癡　纏綿意地 하야　暫伏還起 호대　如隔一

학　　일체시중　　직수용가행방편지혜지력
瘧 하나니　一切時中 에　直須用加行方便智慧之力

통자차호　　기가한만　　유담무근
하야　痛自遮護 언정　豈可閒謾 으로　遊談無根 하야

허상천일　　욕기심종이구출로재　　단견지
虛喪天日 하고　欲冀心宗而求出路哉 리오　但堅志

절　　책궁비해　　지비천선　　개회조유
節 하야　責躬匪懈 하며　知非遷善 하야　改悔調柔 어다

근수이관력　　전심　　연마이행문　익정
勤 修 而 觀 力이　轉 深 하고　鍊 磨 而 行 門이　益 淨

　　　　장기난조지상　　　도업　　항신　　　상
하리라　長 起 難 遭 之 想 하면　道 業이　恒 新 하고　常

회경행지심　　　종불퇴전　　　여시구구
懷 慶 幸 之 心 하면　終 不 退 轉 하리니　如 是 久 久 하면

자연정혜원명　　　견자심성　　용여환비지
自 然 定 慧 圓 明 하야　見 自 心 性 하며　用 如 幻 悲 智 하야

환도중생　　작인천대복전　　　절수면지
還 度 衆 生 하야　作 人 天 大 福 田 하리니　切 須 勉 之 어다

제2 독송편(讀誦篇)　75

제3 역문편(譯文篇)

번역문도 한문 계초심학 읽듯이
낱낱이 새겨 읽으며 그 뜻을
생각하세요.

무릇 처음 발심한 사람은
모름지기 악한 벗을 멀리 여의고
어질고 착한 이를 친근히 하야
5계와 10계 등을 받아 가지고
잘 가지고 범하고 열고 가릴 줄을 알아야 하느니라.
단지 금구성언(부처님 말씀)을 의지할 지언정
용렬한 무리들의 망녕된 말을 따르지 말라.

이미 출가하여 청정한 대중에 참배하였다면
항상 부드럽고 평화롭고 착하게
따를 것을 생각할 지언정
아만 공고하지 말라.

큰 사람은 형님을 삼고
작은 사람은 동생을 삼으라.
어쩌다가 다투는 자가 있거든
두 말로 화합하여
단지 자비심으로 서로 향하게 할지언정
악한 말로 사람을 상하게 하지 말라.

만약 한 가지 벗을 속이고 업신여겨
논설 시비한다면 이와 같은 출가는
온전히 이익이 없을 것이다.
재물과 색의 화는 독사보다 심해서

그름을 알아 항상 모름지기 멀리 여의라.

인연한 일이 없으면 남의 방에 들어가지 말고
병처를 당하여 굳이 남의 일을 알려고 하지 말며
6일이 아니면 속옷을 빨지 말라.
관수에 임하여 소리 높여 침 뱉고 코 풀지 말고
이익되는 일을 행할 때는 당돌히 차서를 넘지 말고
경행할 때는 옷깃을 헤치고 팔을 흔들지 말라.

말을 할 때는 높은 소리로 희롱하는 웃음을 짓지 말고
중요한 일이 아니면 문 밖에 나가지 말라.
병든 사람이 있으면 자비심으로 수호하고
손님을 보거든 흔연히 영접하라.

존장을 만나거든 공손히 자리를 피해드리고
도구를 판단하되 검약한 것으로 만족하라.
제식시에는 마시고 씹는 소리가 나지 않게 하고
숟가락 젓가락을 들고 놓을 때 편안히 하여
소리가 나지 않게 하고
낯을 들어 돌아보지 말고
정갈한 것을 좋아하고
거치른 것을 싫어하지도 말고
모름지기 묵묵히 말이 없이 하되 잡된 생각을 막고
음식을 받는 것이 단지 형체 마음을 치료하여

도업을 이루기 위한 것으로 알고
반야심경을 생각하되
3륜이 청정한 것으로 관하여
도닦는 마음을 어기지 말라.

분수에 나아가되
아침 저녁으로 부지런히 행하여
스스로 게으름을 꾸짖고
대중이 행하는 절차를 알아
잡되고 어지럽게 하지 말라.

범패로써 찬탄 축원하되 글을 외우고
뜻을 관할지언정 단지 소리만 따르지 말라.
음곡을 고르게 하여
우러러 존안을 바라보되
다른 경계에 반연하지 말라.

모름지기 자신의 죄장이
산과 바다와 같은 것으로 생각하여
이치적으로 사실적으로 참회하여 녹여 없애고
깊이 절을 하고 절을 받는 것이
다 참 성품을 좇아 일어나
깊이 감응함이 헛되지 않아
그림자와 메아리가,

서로 따르는 것으로 믿으라.

대중처소에 살 때는 서로 사양하여 다투지 말고
서로 서로 붙들어 보호하고
쟁론승부를 삼가 하고,
머리를 맞대고 한가한 말 하는 것을 삼가 하고
남의 신 잘못 신지 말고
앉고 눕는 자리를 넘어서지 말고
객을 대하여 말을 할 때는
집안의 더러운 것을 들춰내지 말고
단지 집안의 불사를 찬탄할지언정
고방에 나아가 잡된 일을 보고 듣고
스스로 의혹을 내지 말라.

중요한 일이 아니면 주와 현에 나가 놀면서
속인들과 사겨 남의 미움의 대상이 되어
스스로 도 닦아가는 뜻을 잃지 않게 하라.
어쩌다가 중요한 일이 있어 출행하게 되면
주지스님과 대중을 관리하는 사람에게
가는 곳을 알리고
만일 속가에 들어가게 되면
간절히 모름지기 굳게 바른 생각을 갖고
색을 보고 소리를 듣고
삿된 마음으로 놀아나지 말지니

하물며 옷깃을 헤치고 희롱하는 웃음을 웃고
어지럽게 잡된 일을 말하며
때 아닌 때 술과 밥으로 망녕스리 걸림없는 행을 지어
깊이 부처님의 계를 어겨서야 되겠느냐.

또 어질고 착한 사람들이 혐의하는 사이에 끼이면
어떻게 지혜있는 사람이라 할 수 있겠느냐.
사당(선방)에 거주할 때는
사미승들과 함께 하는 것을 삼가 하고
분주하게 인사치례 하는 것을 삼가 하고
남의 좋고 나쁜 것 보는 것 삼가 하고
문자를 탐하여 구하지 말고
수면을 과도하게 하지 말며
어지럽게 반연하지 말라.

만약 종사스님께서 자리에 올라
설법하시게 되거든
간절히 법에 대하여
현애상을 지어 퇴굴심을 내지 말고
혹 늘 습관적으로 들은 것이라 생각하여
용이심을 내지 말고
마땅히 생각을 비워 들으면
반드시 마음을 촉발할 때가 있을 것이니
시러금 말 배우는 사람들을 따라

단지 입으로만 판단하지 말라.

소위 뱀이 물을 마시면 독을 이루고
소가 물을 마시면 젖을 이루듯
지혜있는 사람의 배움은 깨달음을 이룰 것이고,
어리석은 사람의 배움은
생사를 이룬다 한 것이 이것이다.

또 주법인에 대하여 경박상을 내지 말라.
어쩌다가 도에 장애가 있으면
닦아 나아가지 못할 것이니
간절히 모름지기 삼가 하라.
논에 이르기를 어떤 사람이 밤길을 가는데
죄인이 횃불을 들고 나서매 사람이 나쁘다고 하여
빛을 받지 아니하면 구렁에
떨어지게 될 것이다 하였으니
법을 들을 때는 엷은 얼음을 밟아가는 것같이
반드시 귀와 눈을 기울여 그윽한 말씀을 듣고
감정을 가라앉혀 깊이 있게 감상하다가
당에 내려와서는 묵묵히 앉아 관찰하되
만일 의심이 있으면
널리 먼저 깨달은 사람들에게 묻고
저녁에 삼가고 아침에 물어
털끝만큼도 넘어서지 않게 하라.

이와같이 하여야 가히 능히 바른 믿음을 내어
도를 생각하는 사람이 될 것이다.

비롯함이 없이 익힌 습기인 애욕과
성냄·어리석음이 뜻에 솜 얽히듯 하여
잠깐 엎드렸다 도리어 일어나는 것이
마치 격일학과 같나니
일체 시중에 바로 모름지기 더욱더 실천할 수 있는
편리한 방편과 지혜의 힘을 써서
아프게 스스로 가리고 보호할지언정
어찌 가히 한가한 말로 떠돌아다니는
근거없는 말을 하며 헛되이 세월을 보내면서
마음의 근본을 깨달아 벗어나고자 하겠는가.

단지 지조와 절개를 굳게 하여
몸의 그름과 게으름을 꾸짖고
그름을 알아 착한 길로 옮겨
뉘우쳐 고쳐 나가야 할 것이다.
부지런히 닦으면 관하는 힘이 깊어지고
갈고 단련하면 행하는 문이 더욱 깨끗해질 것이다.

깊이 만나기 어려운 생각을 하면
도업이 새로워지고 항상
경사스럽고 다행한 마음을 가지면

마침내 퇴전하지 아니할 것이다.

이렇게 오래오래 하면 저절로
선정과 지혜가 뚜렷이 밝아져서
자기 마음의 성품을 보고
환과 같은 자비지혜를 써서
도리어 중생을 제도하여 인천의 복전이 될 것이니
간절히 모름지기 힘쓸지어다.

제4 강령편(綱領篇)

강령편은 본저자(보조국사)의 뜻을 따라
서론·본론·결론을 가름하고
다시 그것을 세분화하여 조직해 놓았으니
첫째는 먼저 멀리서 산을 바라보는 식으로 보고
다음에는 가까이 산을 쳐다보는 식으로 보고
마지막에는 산속에 들어가 돌·나무·바위·물을
천천히 구경하고 과일을 따 맛보는 식으로 공부하세요.

```
                  ┌ 序論:夫初心之人~莫順庸流妄說
                  │         ┌ 1. 沙彌僧淸規:旣而出家~影響相從
誠初心學人文 ─┼ 本論 ┼ 2. 衆寮僧淸規:居衆寮~豈爲而有智慧人也
                  │         └ 3. 社堂僧淸規:住社堂~不濫絲髮
                  └ 結論 ┬ 正信不退:如是~終不退轉
                          └ 覺行圓滿:如是久久~切須勉之
```

◎ 序論:夫初心之人

1. 止惡修善 ┬ ① 須遠離惡友
            └ ② 親近賢善
2. 基本倫理 ┬ ① 受五戒十戒等
            └ ② 善知持犯開遮
3. 信行標的 ┬ ① 但依金口聖言
            └ ② 莫順庸流妄說

◎ 本論

1. 沙彌僧淸規: ┬ ① 柔和善順 ┬ ㄱ. 常念柔和善順
   旣而出家參陪聽衆 │   └ ㄴ. 不得我慢貢高
                    ├ ② 上下差別 ┬ ㄱ. 大者爲兄
                    │   └ ㄴ. 小者爲弟
                    ├ ③ 諍者和合 ┬ ㄱ. 儻有諍者 兩說和合
                    │   └ ㄴ. 但以慈心相向 不得惡語傷人
                    ├ ④ 論說是非 ┬ ㄱ. 若也欺凌同伴 論說是非
                    │   └ ㄴ. 如此出家 全無利益
                    ├ ⑤ 財色之禍−甚於毒蛇 省己知非 常須遠離
                    ├ ⑥ 出入警誡−無緣事則 不得入他房院
                    ├ ⑦ 秘密探索−當屛處 不得强知他事
                    ├ ⑧ 洗濯注意−非六日 不得洗浣內衣
                    ├ ⑨ 盥漱法−臨盥漱 不得高聲涕唾
                    └ ⑩ 分配法−行益次 不得搪揆越序

- ⑪ 經行法 - 經行次 不得開襟掉臂
- ⑫ 言語法 - 言談次 不得高聲戱笑
- ⑬ 出行法 - 非要事 不得出於門外
- ⑭ 看護法 - 有病人 須慈心守護
- ⑮ 接待法 - 見賓客 須欣然迎接
- ⑯ 尊待法 - 逢尊長 須肅恭回避
- ⑰ 辦道具 - 辦道具 須儉約知足
- ⑱ 供養儀式 : 齋食時
  - ㄱ. 無作聲 : 飮啜 不得作聲
  - ㄴ. 要安詳 : 執放 要須安詳
  - ㄷ. 不顧視 : 不得擧顔顧視
  - ㄹ. 不揀擇 : 不得欣厭精麤
  - ㅁ. 沈黙行 : 須黙無言說
  - ㅂ. 不雜念 : 須防護雜念
  - ㅅ. 須知受食
    - ㉠ 健康維持 : 但療形枯
    - ㉡ 道業成就 : 爲成道業
    - ㉢ 般若心經 : 須念般若心經
    - ㉣ 三輪淸淨 : 觀三輪淸淨
    - ㉤ 道行實踐 : 不違道用
- ⑲ 禮佛儀式 : 赴梵修
  - ㄱ. 勤噴行懈 : 須早暮勤行 自責懈怠
  - ㄴ. 大衆節次 : 知衆行次 不得雜亂
  - ㄷ. 讚唄祝願
    - ㉠ 須誦文觀義
    - ㉡ **不得但隨音聲**
    - ㉢ **不得韻曲不調**
    - ㉣ 瞻敬尊顔
    - ㉤ 不得攀緣異境
- ⑳ 懺悔法
  - ㄱ. 罪障山海 : 須知自身罪障 猶如山海
  - ㄴ. 理懺事懺 : 須知理懺事懺 可以消除
  - ㄷ. 禮拜眞性 : 深觀能禮所禮 皆從眞性緣起
  - ㄹ. 影響相從 : 深信感應 不虛 影響相從

2. 衆寮僧淸規 ─ ① 相互扶護 ┬ ㄱ. 須相讓不爭
　：居家寮　　　　　　　　└ ㄴ. 須互相扶護
　　　　　　　② 諍論注意：愼諍論勝負
　　　　　　　③ 閒話注意：愼聚頭閒話
　　　　　　　④ 誤着他鞋：愼誤着他鞋
　　　　　　　⑤ 警誡次序－愼坐臥越次
　　　　　　　⑥ 言談法：對客言談 ┬ ㄱ. 不得揚於家醜
　　　　　　　　　　　　　　　　├ ㄴ. 但讚院門佛事
　　　　　　　　　　　　　　　　└ ㄷ. 不得詣庫房 ┬ ㉠ 見聞雜事
　　　　　　　　　　　　　　　　　　　　　　　　└ ㉡ 自生疑惑
　　　　　　　⑦ 遊行法：非要事 ┬ ㄱ. 不遊州縣：不得遊州獵縣
　　　　　　　　　　　　　　　　└ ㄴ. 不俗交通：與俗交通 ┬ ㉠ 令他憎嫉
　　　　　　　　　　　　　　　　　　　　　　　　　　　　└ ㉡ 失自道情
　　　　　　　⑧ 出行法： ┬ ㄱ. 令知去處：告住持人 及管衆者 令知去處
　　　　　　　　儻有要事出行　　　㉠ 堅志正念：切須堅持正念
　　　　　　　　　　　　　　　　　㉡ 不蕩邪心：愼勿見色聞聲
　　　　　　　　　　　　　　　　　　　　　　　　　流蕩邪心
　　　　　　　　　　　　└ ㄴ. 俗家出入　㉢ 戲弄亂說：又況披襟戲笑
　　　　　　　　　　　　　：若入俗家　　　　　　　亂說雜事
　　　　　　　　　　　　　　　　　㉣ 酒食注意：非時酒食 妄作
　　　　　　　　　　　　　　　　　　　　　　　無碍之行 深乖佛戒
　　　　　　　　　　　　　　　　　㉤ 智慧人行：又處賢善人 嫌
　　　　　　　　　　　　　　　　　　　　　　　疑之間 豈爲有智慧人也

```
3. 社堂僧淸規 ┬ ① 愼沙彌 : 愼沙彌同行
   : 住社堂    ├ ② 愼人事 : 愼人事往還
               ├ ③ 愼好惡 : 愼見他好惡
               ├ ④ 愼文字 : 愼探求文字
               ├ ⑤ 愼睡眠 : 愼睡眠過度
               ├ ⑥ 愼攀緣 : 愼散亂攀緣
               │                    ┬ ㄱ. 懸崖想 : 作懸崖想 生退屈心
               │                    ├ ㄴ. 慣聞想 : 或作慣聞想 生容易心
               ├ ⑦ 聽說法 :          ├ ㄷ. 虛懷聞 : 當須虛懷聞之 必有機發之時
               │   若遇宗師陞座說法  ├ ㄹ. 不學語 : 不得隨學語者 但取口辦
               │                    ├ ㅁ. 水牛蛇 : 所謂蛇飮水 成毒 牛飮水 成乳
               │                    └ ㅂ. 愚智學想 : 智學 成菩提 愚學 成生死
               │           ┬ ㄱ. 法師相輕 :    ┬ ㉠ 輕薄想 : 生輕薄想
               │           │    又不得於主法人 └ ㉡ 無障碍 : 因之於道 有障 不
               │           │                                  能進修 切須愼之
               └ ⑧ 敬法師  ├ ㄴ. 引證論文 : 論云 如人 夜行 罪人 執炬當路 若以人
                           │    惡故 不受光明 墮坑落塹去矣
                           ├ ㄷ. 聞法姿勢 : 聞法之次 如履薄氷 必須側耳目而聽玄
                           │    音 肅情塵而賞幽致
                           └ ㄹ. 疑心決斷 : 下堂後 默坐觀之 如有所疑 博問先覺
                                夕惕朝詢 不濫絲髮

◎ 結論
                 ┬ ① 正信爲道 : 乃可能生正信 以道爲懷者歟
                 ├ ② 煩惱習氣 : 無始習熟 愛欲恚癡 纏綿意地 暫伏還起 如隔日瘧
                 ├ ③ 加行方便 : 一切時中 直須用加行方便智慧之力 痛自遮護
1. 正進不退 : 如是 ├ ④ 虛送歲月 : 豈可閒謾 遊談無根 虛喪天日 欲冀心宗而求出路哉
                 ├ ⑤ 遷善改悔 : 但堅志節 責躬匪懈 知非遷善 改悔調柔
                 ├ ⑥ 觀力鍊磨 : 勤修而觀力 轉深 鍊磨而行門 益淨
                 ├ ⑦ 難遭之心 : 長起難遭之想 道業 恒新
                 └ ⑧ 慶幸之心 : 常懷慶幸之心 終不退轉
                        ┬ ① 人格完成 : 自然定慧圓明 見自心性
2. 覺行圓滿 : 如是久久 ├ ② 廣度衆生 : 用如幻悲智 還度衆生
                        └ ③ 畢竟勉之 : 切須勉之
```

제5 해설편(解說篇)

해설편에서는 낱낱이 단어와 숙어를 해석하면서
번역해 놓았으니 이 글을 읽으면
인도의 계율과 중국·한국의 의식까지도
모두 바르게 이해할 수 있을 것이니
천천히 읽고,
또 자신의 생각을 따라
새롭게 정리해 보라.

저자 보조국사(普照國師)

　보조국사의 휘(諱)는 지눌(知訥)이고 자호는 목우자(牧牛子), 시호(諡號)는 불일보조국사(佛日普照國師)며, 탑호(塔號)는 감로(甘露)다. 1158(고려 의종 12)년 지금 황해도 서흥에서 탄생하였다. 속성은 정(鄭)씨고 아버지는 국학학정 광우(光遇)이고, 어머니는 개흥군(지금 아산군) 출신 조(趙)씨였다. 어려서 신병이 잦아 백방으로 의약을 구하여 썼으나 신효를 얻지 못하여 마지막으로 아버지께서 출가 시킬 것을 발원하고 기도하였더니 감응이 헛되지 않아 병이 나았다. 그리하여 1173(명종 3)년 품일 운손종휘선사에게 출가시키니 그때 나이 16세였다.

　1182년 선과(禪科)에 합격하고 동료 수십 인과 함께 정화불사를 계획하여 정혜결사(定慧結社)를 하였으나 사람들이 모두 풍진에 골몰하여 자성을 찾지 못하므로 홀로 창평 청원사 지금 경기도 안성군 원곡면)에 이르러 육조단경(六祖壇經)을 보다가 깨달은 바 있어 하가산(지금 예천 학가산) 보문사에 들어가 대장경을 보았다.

　특히 이통현(李通玄)장자의 신화엄론 40권을 보다가 원돈(圓頓)의 신해(信解)가 확실해졌다 한다. 1198년 도반 몇 사람과 함께 지리산 상무주암에서 수도하고 1200년 송광산 길상사에 이르러 대법행을 개설하니 치백(緇白)이 운집하여 대총림을 이루었다. 사람의 접화는 주로 금강경, 육조단경, 화엄론, 대혜어록에 의하여 하고, 성적등지문(惺寂等持門)·원돈신해문(圓頓信解門)·단전경절문(單傳經截門)의 3종 법어로 하였다. 억보산 백운암, 적취암과 서석산 규봉란야, 조월암 등은 모두 스님이 창건하여 내왕하시던 수도장이다.

　희종 원년 왕이 친히 송광산을 조계산으로, 길상사를 수선사(修禪寺)로 고쳐써 만수가사 1령과 함께 보냈다. 1210(희종 6)년 3월 27일 법상에 올라앉아 설법하시다가 주장자를 잡고 그대로 입적하시니 세수는 52이요, 법랍은 36이었다. 왕이 문신 김군완(金君綏 ; 김부식의 손자 金敦仲의 아들)에게 비문을 짓게 하여 비를 세웠다.

그러나 그것은 그 후 병화로 없어지고 구부(龜趺)만 남아 있었는데 1678(숙종 4)년 백암성총스님이 다시 세워 지금 송광사 비전에 남아 있다.

저서에는 계초심학인문 1권, 정혜결사문 1권, 수심결 1권, 진심직설 1권, 화엄론절요 3권, 법집별행록절요병입사기 1권, 원돈성불론 1권, 간화결의론 1권, 염불요문 1권, 상당록 1권, 법어가송 1권 등 여러 권이 있었으나 상당록 법어가송 등은 산실되고 나머지는 모두 현존하여 수도인의 귀감이 되고 있다.

책이름 계초심학인문(誡初心學人文)

'계초심학인문', 계초심학인문의 계(誡)는 경계로서 방비지악(防非止惡)을 경계한 것이고 '초심학인'은 처음으로 불법을 배우고자 발심한 사람, 즉 초발심행자를 말하며, 문(文)은 글이니 처음으로 발심한 행자를 위해서 쓴 글이라는 뜻이다. 그러므로 계초심학인문은 '처음으로 발심한 행자를 경계한 글'이다.

어떤 것을 초발심이라 하는가. 부처님의 교설을 믿고 참된 인생관 세계관을 확립하여 올바른 마음에 안주하는 사람을 말한다. 말하자면 마음속으로부터 자성을 발견하고 진리를 바라보아 확실히 그렇다고 하는 믿음을 일으켜 어떻게 생각하고 어떻게 정진하며, 어떤 지혜를 어떻게 닦아 산란한 마음을 바로 잡고, 또 그 마음을 물러나지 않게 하며 진리를 지키고 실천해 가되, 소원할 바를 알아 마음을 올바로 갖고 행동을 바르게 하고자 하는 사람을 말한다.

그러면 무슨 까닭으로 이 같은 마음을 발하게 되는가.

첫째는 생사를 보고 열반을 보는 까닭이니 모든 법이 공허하여 하나도 취할 것이 없는 때문이다.

둘째는 불(佛)을 보고 중생을 보는 까닭이니, 중생의 고가 다함이 없는 때문이다.

그러므로 모든 부처님들이 '초발심으로부터 쫓아 마침내 부처님의 지위에 이르고 다시 환과 같은 어여삐 여기는 지혜(幻悲智)를 써서 중생을 제도한다'한 것이다.

본문(本文)

1. 서론(序論)

【원문】 初發心人文
　　　　 초 발 심 인 문

【역문】 처음 발심한 사람

　"처음 발심한 사람"은 부처님을 바라보고 성불작조(成佛作祖)하기를 맹서하고 범부의 자리에서 처음 일어선 사람이니 말하자면, 처음 서울을 가고자 지방에서 사람들의 말을 듣고 노정기를 보고 먼 길 갈 차비를 하고 있는 사람이다.
　가는 길에는 지름길로 가는 길도 있고 돌아가는 길도 있고 구부러진 길도 있고 곧은 길도 있으며, 길을 나서면 착한 길동무도 생기고 악한 길동무도 생기고 하기 때문에 어질고 착한 벗을 길동무로 맞이하여 잘 가도록 부탁하신 것이다.

(1) 악을 그치고 선행을 닦으라(止惡修善)

① 악한 벗을 멀리 여의고

【원문】 須遠離惡友
　　　　수 원 리 악 우
【역문】 모름지기 악한 벗을 멀리 여의라.

　불법은 지극히 어질고 착하며 아름답고 또 참된 것이다. 진리를 찾고 아름다움을 추구하며 어질고 착한 것을 동경하는 사람은 마땅히 악을 멀리하고 불선(不善)을 버려야 한다.
　그러면 어떤 것이 선이고 어떤 것이 악인가. "순명위선(順名爲善)이요 위명위악(違名爲惡)이다" 하였으니 진리를 따르는 것이 선이 되고 진리를 어기는 것이 악이 된다.
　그러면 진리란 무엇이냐. 진리는 언어도단(言語道斷)하고 심행처멸(心行處滅)하여 말로 다 설명할 수 없고, 마음 길이 끊어져 생각을 헤아릴 수 없는 것이지만, 굳이 말을 빌려 한다면 우주인생의 근본이 되는 것으로 기독교식으로 말하면 하나님이 되고 불교식으로 말하면 마음이 된다.
　그러면 어떤 사람이 가까이 해서는 안될 사람인가.
　첫째는 두려움으로서 상대방을 조복하는 사람이니, 먼저는 주고 나중에는 빼앗는 사람, 적게 주고 많이 바라는 사람, 사리사욕을 위하여 힘으로 친교를 맺는 사람이고
　둘째는 감언이설이 많은 사람이니 선과 악을 가리지 못하는 사람, 겉으로는 착한 척 하면서도 비밀이 많은 사람, 액난을 보고도 구제할 줄 모르고 어려운 일을 당했을 때는 모르는 척 하는 사람이며,
　셋째는 힘을 동원하는 사람이니 때와 장소를 가리지 못하고 광기를 부리고, 적은 허물을 가지고 큰 시비를 걸고 때리기를 잘 하는 사람이며,
　넷째는 악한 벗이니 술 마실 때, 도박할 때, 바람피울(婬逸) 때, 노래 부르고 춤 출 때만 벗 노릇을 하는 사람이다.

그래서 이와 같은 사람들은 항상 멀리 여의어야 한다 한 것이다.

"멀리 한다"는 것은 시간적으로나 공간적인 면에서 가까이 교제하지 않고 피해 간격을 두는 것이고, "여읜다"는 것은 멀리 떠나보내는 것을 말한다.

② 어질고 착한 이를 친근히 하라

【원문】 親近賢善
　　　　친 근 현 선
【역문】 어질고 착한 이를 친근히 하라.

그러면 어질고 착한 사람이란 어떤 사람인가. 다음과 같이 말하고 있다.

"첫째는 그름(非)을 그치게 하는 사람이니 마음이 바르고 생각이 어질며 원(願)이 커서 남의 악을 보고 가려 그치게 하는 사람이고,

둘째는 사랑이 있는 사람이니 남의 이익을 보고 함께 기뻐할 줄 알고 남의 악을 보고 대신 근심할 줄 알며, 사람의 덕을 칭찬할 줄 알고 남의 악한 행위를 보고 스스로 자신의 악을 구제할 수 있는 사람이다.

셋째는 모든 사람에게 해를 끼치지 않는 사람이니 남의 방일을 방관치 않고 남의 재산을 일실(逸失)치 않게 하며, 남으로 하여금 공포를 느끼지 않게 하고, 또 조용히 교계(敎誡)할 줄 아는 사람이다.

넷째는 이행동사(利行同事)를 함께 할 수 있는 사람이니 남을 위하여 자기의 몸과 재산을 아끼지 않고 공포로부터 구제하여 탁마(琢磨)의 정을 잊지 않는 사람이다" 하였다.

그러므로 이런 사람은 가히 친해서 나쁠 것이 없다.

(2) 기본윤리 오계와 십계

① 수계(受戒)

【원문】 受五戒十戒等
　　　　수 오 계 십 계 등
【역문】 오계와 십계 등을 받으라.

계는 범어 Sila로 그름(不正見)을 방지하고 악(不正義, 無慈悲, 無秩序)을 제지하는 것이다. 부처님께서 처음 성도하신지 20년까지는 계를 범하는 자가 없었으므로 부처님께서는 일없는 스님들을 위하여 다음 게송을 외우고 그대로 실천하라 하였다. (四分律)

善護於口言　　自淨其志意
선 호 어 구 언　　자 정 기 지 의

身莫作罪惡　　此三業道淨
신 막 작 죄 악　　차 삼 업 도 정

能得如是行　　是大仙人道
능 득 여 시 행　　시 대 선 인 도

입에 말을 잘 보호하고 스스로 그 뜻을 깨끗이 하며 몸으로 죄악을 짓지 아니하여 몸과 입과 뜻을 깨끗이 하면 이것이 곧 불교라는 말이다.

그러나 그 후 얼마 안 있다가 수디나가 비로소 음행을 범하고 단디가가 투도를, 물력가가 살인을 각각 범하고, 또 미후강변의 대중들이 대망어죄를 범하게 되자 부처님께서는 다음 10구의에 의하여 계율을 제정하였다. (四分律)
　① 섭취어승(攝取於僧)
　② 영승환희(令僧歡喜)
　③ 영승안락(令僧安樂)
　④ 영미신자영신(令未信者令信)

⑤ 기신자령증장(己信者令增長)
⑥ 난조자령조순(難調者令調順)
⑦ 참괴자득안락(慚愧者得安樂)
⑧ 단현재유루(斷現在有漏)
⑨ 단미래유루(斷未來有漏)
⑩ 정법득구주(正法得久住)

말하자면 모든 중을 섭취하여 환희와 안락을 얻게 하고, 믿음이 없는 자에게 믿음을 주고 이미 믿음이 있는 자에겐 더욱 그 신앙이 늘어나게 하며, 다루기 어려운 자를 잘 다루고, 부끄러운 줄 아는 자에게 안락을 얻게 하며, 현재와 미래의 실수를 막아 바른 법이 오래가게 하기 위해서라는 것이다.

이렇게 해서 제정된 것이 살·도·음·망(殺·盜·婬·妄)의 4대 계율이다. 그런데 나이 어린 사미스님들에겐 술 이외 다섯 가지를 더 첨가하여 열 가지 계율을 주었다. (沙彌十戒法)

첫째, 산목숨을 죽이지 말라. 부처님과 성인과 스님을 비롯하여 날아다니고 기어 다니는 보잘 것 없는 곤충에 이르기까지 목숨이 있는 것은 무엇이건 내손으로 함부로 죽이거나 남을 시켜 죽이거나 죽이는 것을 보고 좋아하지 말라. 벌레가 있는 물은 걸러서 먹고 등불을 가리며 고양이를 기르지 말라. 은혜를 베풀고 가난한 사람을 구제하여 편히 살게 하며, 죽이는 것을 볼 때에는 자비심을 내라.

둘째, 훔치지 말라. 금과 은이나 바늘 한 개, 풀 한 포기까지라도 주지 않는 것은 가지지 말라. 상주물(常住物)이나 시주의 물건이나 대중의 것, 나라의 것, 개인 소유물을 빼앗거나 훔치거나 속여 가지지 말라. 세금을 속이거나 찻삯 뱃삯을 안 내는 것은 모두 훔치는 행위이다. 옛날 어떤 사미는 대중이 공양할 떡 두 개를 훔쳐 먹고 지옥에 떨어진 일이 있다. 차라리 손을 끊을지언정 옳지 못한 물건은 가지지 말아야 한다.

셋째, 음행하지 말라. 일반 신도의 5계에서는 삿된 음행(자기 부인 이외)만 못하게 했으나 집을 나온 수행자의 10계에서는 음행은 모두 끊어야 한다. 세상 사람들도 음욕으로 인해 몸을 망치고 집안을 망하게 하는데 세속을 뛰어난 수행자가 어찌 음욕을 범할 것인가. 나고 죽는 근본은 음욕이니 음란하게 사는 것은 청정하게 죽는 것만 못하다.

　넷째, 거짓말 하지 말라. 거짓말에는 네 가지가 있다. 하나는 허황한 말이니 옳은 것은 그르다 하고 그른 것은 옳다고 하며, 본 것을 못보았다 하고, 못본 것을 보았다 하는 것은 진실치 못한 것이다. 둘은 비단결 같은 말이나 구수한 말을 늘어놓으며 애끊는 정렬로 하소연하여 음욕으로 이끌고 슬픈 정을 돋우어 남의 마음을 방탕하게 하는 것이다. 셋은 나쁜 말이니 추악한 욕지거리로 남을 꾸짖는 것이고, 넷은 두 가지로 하는 말이니 이 사람에게는 저 사람 말을 하고, 저 사람에게는 이 사람 말을 하여 두 사람 사이를 이간하고 싸움 붙이는 것이다. 처음에는 칭찬하다가 나중에는 비방하며, 만나서는 옳다 하고 없는 데서는 그르다 한다. 거짓 증거로 벌을 받게 하거나 남의 결점을 들어내는 것은 모두 거짓말이다. 또 범부로서 성인의 큰 자리를 깨달아 증득했다고 하는 것은 큰 거짓말(大妄語)이다. 그러므로 그 죄는 가장 중하다. 그러나 남의 급한 재난을 건지기 위해 자비심으로 방편을 써서 하는 거짓말은 죄가 되지 않는다. 옛날 어떤 사미는 늙은 비구의 경 읽는 소리를 비웃어 개 짖는 소리 같다고 했는데 그 비구는 무학과(無學果)를 성취한 아라한 이었으므로 그를 불러 곧 참회하게 하여 겨우 지옥은 면하게 되었으나 개 몸을 받았다. 사람의 입에는 도끼가 있어 나쁜 말 한 마디로 몸을 찍는다. 그러니 입을 조심하라.

　다섯째, 술 마시지 말라. 술은 사람을 취하게 하는 독약이다. 한 방울도 입에 대지 말고 냄새도 맡지 말며, 술집에 머물지도 말고 남에게 술을 권하지도 말라. 어떤 신도는 술을 마시고 다른 계율까지 범한 일도 있지만, 출가 수행자가 술을 마시는 것은 말할 수 없는 허물이다. 술 한 번 마시는 데에 서른여섯 가지 허물이 생기니 작은 죄가 아니다. 술을 즐기는 사람은 죽어 똥물지옥에 떨어지며 설사 사람으로 태어난다 하더라도 바보가 되어 지혜의 해가 없어진다. 차라리 구정물을 마실지언정 술은 마시지 말라.

　이상의 다섯 가지 계율을 사미 5계라 한다. 만일 사미가 이 계를 범하면 사미가 아니다.

　여섯째, 꽃다발을 사용하거나 향을 바르지 말라. 꽃다발과 화려한 옷과 여러 가지 패물로 장식하거나 향을 바르지 말라. 세속에서도 청렴결백한 사람은 사치를 싫어하는데 하물며 세속을 떠난 사람이 어찌 화려한 사치를 즐길 것인가. 수수하게 물들인 누더기로 몸을 가리고 공부하라.

일곱째, 노래하고 춤추거나 악기를 사용하지 말며 가서 구경하지도 말라. 부처님에게 공양하고 중생을 교화하는 음악도 있기는 하지만 지금 생사를 위해 세속을 버리고 출가한 몸으로 어찌 올바른 공부는 하지 않고 노래 같은 것을 즐길 것인가. 옛날 어떤 신선은 여자들이 아름다운 목소리로 노래하는 것을 듣다가 신통력을 잃어 버렸다 한다. 구경만 해도 그렇거든 몸소 부름에 있어서랴. 장기 바둑이나 윷놀고 노름하는 일도 해서는 안 된다. 모두 수도하는 마음을 어지럽게 하고 허물을 조장하는 까닭이다.

여덟째, 높고 넓은 평상에 앉지 말라. 높고 넓은 평상에 앉는 것은 거만한 짓이니 복을 감하고 죄보를 불러들이게 한다. 비단으로 만든 휘장이나 이부자리 같은 것도 사용하지 말라. 풀로 자리를 만들고 나무 밑에 사는 생활을 해야 할텐데 어찌 높고 넓은 큰 평상에 앉아 허망한 이 육신을 편하게 할 것인가.

아홉째, 제 때가 아니면 먹고 마시지 말라. 천신들은 가볍고 맑아 아침에 먹고 짐승은 둔탁해서 오후에 먹으며, 귀신은 겁이 많아 밤에 먹는다. 그러나 부처님 법은 중도(中道)이니 정오에 먹는다. 많이 먹으려 하지 말고 맛을 탐해 먹으려 하지도 말라. 오후에 먹지 않으면 여섯 가지 복이 있다. 아귀들은 항상 주려 밥그릇 소리만 들어도 목구멍에서 불이 일어난다는데 어찌 제 때도 아닌데 먹을 것인가.

열째, 금·은 보석을 가지지 말라. 금·은 보석은 모두 탐심을 기르고 도를 방해하는 물건이다. 손에 쥐지도 말아야 할텐데 수행자가 이런 것을 탐해서 될 것인가. 이웃의 가난을 생각하고 항상 보시를 해야 한다. 돈을 벌려고 하지 말며 모아 두지도 말고 장사하지도 말며 보물 같은 것으로 기구를 장만해서는 안 된다.

이상을 사미 10계라 하는데 사미는 마땅히 이 계를 지켜야 한다.

대개 5계는 자비, 복덕, 청정, 진실, 지혜를 위하여 방생, 보시, 순결, 정어(正語), 정행(正行)을 경계한 것이고 뒤의 10계는 장차 무소유(無所有 ; 比丘), 무애행(無碍行 ; 佛·菩薩)을 위하여 사치, 방종, 무절제의 생활을 경계한 것이다.

그러므로 이 5계와 10계는 모든 율법(불교윤리)의 기초가 되므로 "만법의 강령"이라 불러 왔다.

② 지범개차(持犯開遮)

【원문】 善知持犯開遮
　　　　선 지 지 범 개 차
【역문】 잘 지키고 범하고 열고 가릴 줄을 알아야 한다.

그런데 보조국사는 이 계를 받되 "잘 지키고 범하고 열고 닫을 줄 알아야 한다" 하였다. 왜냐하면 불교의 계율은 절대적인 것이 아니라 중생과 수행자를 위한 방편이기 때문이다. 왜 그랬을까? 계란 받으면 받은 대로 지키고 행하는 것을 원칙으로 하는데 무엇 때문에 잘 지키고 범하고 열고 닫을 줄 알아야 한다 하였을까. 불법은 "정한 바 법이 없기" 때문이다. 말하자면 부처를 바라봄으로 지키는 것이다.

예컨대 사명(四溟)대사가 칼을 들고 적진에 뛰어들어 광란의 적을 소탕하고 나라와 백성을 구제한 것은 부처님의 계율로 보아서는 살생을 하였으므로 부처님 계율을 "범한 것"이 되지만, 나라와 백성을 구제한 것은 중생을 구제하기 위하여 자비심을 개방한 것이니 "연 것"이 되고, 신라 때 자장(慈藏)율사가 왕명을 받고 자기를 데리러온 사신을 향해 "목숨을 버릴지라도 관가에 나아가지 않겠다" 한 것은 왕명을 거역했으나 계를 가진 것이 되므로 "지킨 것'이 된다. 또 중국의 혜원(慧遠)법사는 자신을 위해서는 율문에 명시된 바 없다고 꿀물도 마시지 않으면서 친구 도연명(陶淵明)을 위해서는 손수 술을 빚어 따라 주었다. 자신을 위해서 꿀물을 마시지 않는 것은 불선으로부터 몸을 닫았으므로 "닫은 것"이 되지만, 도연명을 위하여 술을 빚어 따라준 것은 율령을 개방하였으므로 "연 것"이 된다.

실로 계는 수단이지 목적이 아니다. 흐르는 물이 얼음도 되고 비도 되고 안개 눈으로도 되어 때로는 식수도 되고 때로는 농공자산으로도 쓰여지지만 그의 본성만은 변함이 없는 것 같이 우리 마음도 꼭 그러하여 천변만화(千變萬化)가 일어나도 부동상응(不動相應), 그 한 가지 마음만은 변함이 없다. 그러나 흐린

물이 밝은 달을 수용하지 못하고 때 낀 거울이 모든 형상을 밝게 조현하지 못하듯 마음에 계가 없으면 자신의 청정한 원각묘심(圓覺妙心)도 능히 수용해 쓸 수 없으므로 선을 보면 열기를 막지 않으면서도 악을 보면 닫고 지키기를 철저히 하여 털끝만큼도 넘어서지 않는 것이다.

(3) 신행의 표적(標的)

① 오직 부처님의 말씀을 의지하라

【원문】 但依金口聖言
　　　　단 의 금 구 성 언
【역문】 단지 부처님 말씀을 의지하라.

불교는 부처님 말씀을 믿고 행하는 종교다.
불교가 이미 그러하다면 불교 이외의 모든 것은 불자의 신행할 바 되지 않는다.
하물며 용렬한 무리들의 망녕된 말이겠는가.
불(佛)은 언제 어디서나 가장 훌륭한 일을 하고 두루 모르시는 바 없이 다 알며, 그 인간성 자유자재하여 세상을 구하고자 큰 자비를 베푸시는 자이다. 진리를 바탕으로 하여 헤아릴 수 없는 많은 공덕을 갈무리고, 있는 그대로, 그 모든 것들 가운데서 생활하여 참되고 영원함이 끝없는 허공과 바다와 같은 분이다. 그래서 그는 이 세상에서 가장 뛰어난 대각자(大覺者)로 스승 없이 깨달은 스승으로 여래(如來), 응공(應供), 정변지(正徧知), 명행족(明行足), 선서(善逝), 세간해(世間解), 무상사(無上士), 조어장부(調御丈夫), 천인사(天人師), 불(佛), 세존(世尊)이라 불리어졌다.
진리로부터 와서 진리로 돌아가신 그 위대한 스승, 그 스승의 몸에서는 항상 밝은 빛이 쏟아져 나왔으므로 세상 사람들은 그를 일러 금인(金人) 또는 황면노자(黃面老子)라 불렀다. 그리고 그의 입을 금구(金口), 금구를 통해 나오는 말을 금언(金言) 또는 성언(聖言)이라 하였다.

그래서 불교성전을 금언성전(金言聖典)이라 하게 되었고, 불교 미술가들이 불상을 조성할 때 불상 위에 도금을 하는 것이다. 탱화(幀畵)에 일원상(一圓相)의 배광을 그리게 된 것도 다 이 때문이다.

자기도 깨닫고(自覺) 남도 깨닫고(他覺), 자기도 이롭게 하고(自利) 남도 이롭게 하고(利他) 그래서 그 깨달음의 행이 원만하게 될 때(覺行圓滿) 이것을 부처의 행이라 하고, 그 행을 통해서 나오는 말씀을 부처님의 말씀이라 하는 것이다.

② 용렬한 무리들의 망령된 말을 따르지 말라

【원문】 莫順庸流妄說
　　　　막 순 용 류 망 설
【역문】 용렬한 무리들의 망령된 말을 따르지 말라.

"용렬한 무리"란 못생기고 어리석어 변변치 못한 것을 말한다. 그러나 여기서는 인물이 못나고 집안이 가난한 것을 의미하지 않고 생각이 못난 것을 말한다. 그리고 "망령된 말"은 늙은 사람의 정신이 흐려져 말이나 행동이 보통에서 벗어나게 된 행동에서 나오는 말을 말하는데, 말하자면 노망한 사람이나 신들린 사람들, 점치는 사람들의 운명이나 천명을 듣고 갈팡질팡 하지 말라는 말이다.

왜냐하면 그의 말은

첫째, 주관성이 없고 그때 그때 임시방편에 불과하며

둘째, 사람들을 운명이나 천명, 숙명에 빠지게 하며, 운명을 개척할 수 없도록 구속하기 때문이며

셋째, 설사 운명을 개척하여 새로운 삶을 하더라도 그것은 윤회를 벗어날 수 있는 해탈 열반의 길이 아니라 끝없는 생사속에 헤매이는 일을 연속 꾸며내게 하기 때문이다.

여기까지가 정종분(正宗分)의 서론이다. 다음은 본론에 들어가겠다.

2. 본론(本論)

【원문】 旣而出家 參陪淸衆
　　　　기 이 출 가 　참 배 청 중

【역문】 이미 출가하여 청정한 대중에 참배했으면

　출가는 집을 떠나 가정과 관계를 끊고 집을 떠나가는 것을 말한다. 말하자면 번뇌에 얽매인 속가의 생활을 청산하고 집을 떠나 성중(聖衆)의 무리에 섞여 드는 것이다. 화엄경에서는 출가의 종류를 "심출가신불출가(心出家身不出家), 신출가심불출가(身出家心不出家), 구출가(俱出家), 구불출가(俱不出家)"의 넷으로 나누어 설명했다. 그러나 어쨌든 출가는 자신과 자신의 모든 것을 다 버리고 떠나는 것이다. 그러므로 그것은 이 세상 어떤 것 가운데서도 가장 어렵고 또 어려운 일이며, 가장 성스럽고 고귀한 행사이다. 세상 사람들이 나, 내것을 위하여 발분망식(發憤忘食)하는데 그들은 그 모든 것을 다 버리고 부처로서 자성을 삼고 여래(如來)로서 집을 삼고 선열(禪悅)로서 법을 삼아 오직 중생과 부처만을 바라보고 살아가므로 쉬운 일이 아니다.
　몸에는 분소의(糞掃衣)를 걸쳤으나 행에 위의를 상실치 않고, 입에서는 풀뿌리가 떨어지지 않으나 말에 도가 없지 않다. 마음은 상(相)이 없으나 항상 자비를 떠나지 않고, 뜻은 담박하여 5욕에 정이 없다. 생사를 싫어하고 열반을 즐겨 하여 그들 앞에서는 천자 제후도 그 높음을 자랑할 수 없고 천하 호걸도 그 영달을 희롱할 수 없다. 배움에 문자를 탐하지 아니하나 통하고 통하지 아니함이 없고, 홀로 외롭게 그림자를 쫓아도 고독을 느끼지 않는다. 반암철석(盤岩鐵石)과 같은 절개, 노중화염(爐中火炎)과 같은 사랑, 어찌 높고 귀하지 아니하며 높고 귀하지 아니한가. 그래서 출가한 스님들을 "청정한 대중"이라 하고, "이미 출가하여 청정한 대중에 참배했으면 항상 부드럽게 착한 생각으로 따를지언정 나를 높여 거만하지 말라"한 것이다.
　부처님은 처음 발심한 행자가 부처님 법에 들어와 모든 대중과 더불어 잘 화합할 수 있는 법을 다음과 같이 말씀하시었다.

"첫째, 같은 계율을 같이 지키라.
둘째, 의견을 같이 맞추라.
셋째, 받은 공양을 똑같이 수용하라.
넷째, 한 장소에 같이 모여 살아라.
다섯째, 항상 서로 자비롭게 말하라.
여섯째, 남의 뜻을 존중하라."

(1) 부드러운 마음으로 화합하고 잘 순종하라(柔和善順)

【원문】 常念柔和善順 不得我慢貢高
　　　　상 념 유 화 선 순　부 득 아 만 공 고

【역문】 항상 부드럽고 평화롭고 착하게 순종할 것을 생각할지언정 나를 높여 거만하지 말라.

"부드럽다"는 말은 "촉감이 거칠지 않고 뻣뻣하지 않으며 유연한 것"을 말하고, "성질이나 태도가 억세지 않는 것"을 말한다. 그러므로 손길처럼 따뜻하고 비단같이 부드러운 것은 "부드럽다" 하고 "얼굴만 예쁜 줄 알았더니 마음까지 착하더라" 하는 말처럼 착한 마음을 부드럽다고 표시하기도 한다.

또 "평화롭다"는 말은 평온하고 화목한 것을 의미하니 다 틈이 없이 공존 공영하는 것을 말한다. 그리고 "잘 순종한다"는 말은 올바르게 따른다는 말로 상대방을 거스르지 않고 순순히 부정하는 것을 의미한다.

대개 사람들이 유화 선순하지 못하는 것은 자기를 높여 거만하는데 있는 것이니 그러므로 "나를 높여 거만하지 말라"한 것이다.

"나"란 제1인칭 대명사로 말하는 사람이 스스로 자신을 가리키는 말이다.

"높인다"는 말은 상대방으로 하여 자신을 비교하여 높이는 것이고, "거만"은 겸손함이 없이 제가 잘난 체하고 뽐내며 건방진 것을 말한다. 말하자면 자신을 잘난 체하고 남을 업신여기는 것을 말한다.

이 세상 모든 것(명예와 사랑과 재산, 권속)을 다 버리고 출가한 사람이 절에 들어와 과거의 이력을 말하여 먼저 들어와 있는 선배들과 비교 선별한다든지 속(俗)된 마음을 버리지 못하고 거만을 부린다면 어떻게 그러한 사람을 출가자라고 할 수 있겠는가.

부처님 당시 데바닷다가 출가하여 자기보다 먼저 와 있는 이발사 우팔리를 보고 그에 절하라 하니 "저는 우리집에 있을 때 우리들의 머리를 깎아준 이발사 아닙니까" 하자 부처님께서 "대천이 바다에 들어가면 모두 한 맛이 되고, 4성이 불교를 믿으면 똑같이 석씨(釋氏)가 된다" 하여 그 마음을 꺾어준 일이 있었으나 끝내 그는 그 마음을 버리지 못했기 때문에 장차 부처님을 이별하고 새로운 종단을 만들었던 것이다.

그러므로 출가자는 누구나 똑같은 계율(佛戒)과 똑같은 지견(佛智) 똑같은 행(佛行)으로 몸과 입과 뜻을 조련(調練)하여 대자대비로서 서로 사랑하고 화목하며 공경하여야 할 것이다.

(2) 위아래 질서를 잘 지켜라(上下差別)

【원문】 大者爲兄 小者爲弟
　　　　대 자 위 형 　소 자 위 제
【역문】 큰 사람은 형을 삼고 작은 사람은 동생을 삼으라.

"큰 사람"은 나이가 많고 공부가 많고 행위가 나보다 뛰어난 사람이고, "낮은 사람"은 나이가 어리고 공부가 작고 또 행위가 아직 나보다 어린 사람이다. 대개 나이는 법랍(法臘)을 기준 삼는다. 그러나 어찌 법랍만 많다고 형이 될 수 있겠는가. 중국에 도안(道安)법사의 스님은 처음엔 도안을 머리 깎아 중을 만들어 주었으나 뒤에 도안이 대승의 진리를 깨달아 큰 스님이 되어 오자 도리어 도안에게 절하고 스승의 대접을 하였다 하며, 부처님 당시 여섯 왕자(아난다, 데바, 아누룻다, 바샤, 콤비라 등)는 일주일 동안 향락을 즐기다가 이발사 우팔리보다 늦게 출가하였으므로 귀한 왕자이면서도 천한 우팔리를 법형으로 모시고 그 아래 자리를 정하니 불법이 평등무차한 까닭이다.

(3) 다투는 자가 있으면 화합시켜라

【원문】 儻有諍者 兩舌和合 但以慈心相向 不得惡語傷人
　　　　 당 유 쟁 자　양 설 화 합　단 이 자 심 상 향　부 득 악 어 상 인

【역문】 어쩌다가 다투는 자가 있으면 두 말로 화합하여 다만 자비심으로 서로 향하게 할지언정 악한 말로 사람을 상하지 말라.

"어찌하다가"는 "어떻게 하다가, 어떤 원인으로 무슨 까닭으로"란 말이고, "다툰다"는 것은 잘잘못이나 이해관계로 그것을 가리어 옥신각신 싸우는 것을 말하니, 말하자면 서로 맞서서 힘을 쓰거나 애를 써 겨루는 것을 말한다.

"두 말(兩舌)"이란 "계율과 계율 아닌 것, 범하고 범하지 않는 것, 가볍고 무거운 것, 여지가 있고 여지가 없는 것, 추악하고 추악하지 않은 것, 막을 것과 막지 않을 것, 말할 것과 말하지 않을 것"이다. 그러므로 "두 말"이란 양쪽 사람에게 서로 틀린 말을 하여 이간질하는 이간어(離間語)가 아니라 두 사람의 입장을 서로 잘 참작하여 화해를 붙이는 화합어(和合語)이다.

"악한 말(惡語)"은 법답지 못한 말이니 해독을 끼치는 말, 추잡한 말, 남을 괴롭히는 말, 다른 사람으로 하여금 성내고 원한심을 갖게 하는 말 등 듣기에 좋지 않고 들어서 이롭지 못한 말이다.

옛날 어떤 스님이 세 사람의 상좌를 데리고 있었는데 셋 중 둘이 항상 뜻이 맞지 않아 싸우기를 그치지 않았다. 하루는 크게 한바탕 싸우고 나서 진 사람이 스님 앞에 나아가,

"하기는 제가 잘했는데 맞기는 제가 맞았습니다."

하고 통사정을 한다. 스님은 듣고 있다가,

"네 말이 옳다."

하시었다. 이 말을 듣고 이번에는 때린 사람 편에서 와 말했다.

"때리기는 제가 때렸어도 잘못하기는 그 놈이 잘못했습니다."

스님은 또 듣고 있다가,

"네 말이 옳다."

하시었다. 그 때 옆에서 듣고 있던 상좌가,

"스님은 이 말도 옳다, 저 말도 옳다 하시니 어떤 말씀이 진짜 옳은지 알 수

없습니다."

하니,

"네 말도 옳다."

하였다. 사구백비(四句百非)라, 어찌 논설시비가 큰 스님에게 가능할 것인가. 원망 속에 있어도 원망 없는 사람, 시비 속에 있어도 시비 없는 사람, 세상에 이 보다 즐거움은 없다. 스스로 마음을 거두어 뜻밖에 도리를 관달해야 할 것이다. 말은 항상 부드럽고 기름기가 있어야 한다. 그래서 듣고 항상 바르고 깨끗한 마음을 일으킬 수 있어야 한다. 수시주량(隨時籌量)하여 결정하는 말이라도 의로(義路) 이로(理路)가 정연하여 도리에 맞아야 하며, 또 가식이 없어야 한다. 비구계에서도 혹 싸움이 있어 시비가 생기면 "본인이 앞에 있을 때 범죄를 결정하라(244). 본인이 범죄 한 사실을 시인한 다음에 결정하라 (245). 정신 이상 중에 저지른 일은 회복된 뒤에는 재론하지 말라 (249). 본인이 스스로 자백하도록 하라(247). 한 사람의 증거만으로도 명백하면 죄상을 결정할 수 있다 (249). 그러나 되도록 여러 사람의 증거로 죄상을 결정하라(248). 패싸움이 되어 오래도록 해결하기 어려울 때는 양쪽 대표가 나와 일체를 불문에 붙이고 풀로 진흙땅을 쓸어 엎은 것 같이 하라 (250)" 하였는데 이것을 "일곱 가지 쟁론을 없애는 법(七個滅諍法)"이라 하였다.

다음은 논설시비다.

(4) 논설 시비하지 말라(論說是非)

【원문】 若也欺凌同伴 論說是非 如此出家 全無利益
약 야 기 릉 동 반 논 설 시 비 여 차 출 가 전 무 이 익

【역문】 만일 벗을 속이고 업신여겨 그와 옳고 그름을 따지면 이러한 출가는 조금도 이익이 없다.

출가의 목적은 부처를 배우고(學佛；自己人格完成) 중생을 제도(度生；社會衆生救濟)하는데 있다.

자기 인격을 완성하고 사회 중생을 제도할 사람이 어떻게 벗을 속이고 업신

여기며 옳고 그름을 따질 것인가. 그러나 사람이 많다보면 이런 사람도 있고 저런 사람도 있기 때문에 이 같은 경계를 하신 것이다. 나는 나를 주인으로 한다. 나 밖에 따로 주인이 없다.

이 몸은 오온(五蘊)의 거짓 모임으로 있다가 곧 없어지는 것, 그러므로 마땅히 나를 다루어라. 마치 말을 다루는 장사꾼처럼. 눈으로 보아도 본 바 없으면 분별이 없고 귀로 들어도 소리 없으면 시비가 끊어진다. 분별 시비 다 잡아 놓으면 스스로 마음 부처를 보고 귀의하리라.

"동반"은 일을 할 때도 같이 하지만 길을 갈 때 함께 가는 사람이다. 그런데 그런 사람을 속이고 업신여긴다면 어떻게 함께 일을 하고 길을 가겠는가.

"논설"은 사물의 이치를 들어내 자기의 의견과 주장을 밝히는 것이고, "시비"는 옳고 그름을 따지는 것이다.

다음은 재물과 색에 대한 주의 사항이다.

(5) 재물과 색의 화를 살피라(財色之禍)

【원문】 財色之禍 甚於毒死 省己知非 常須遠離
　　　　재 색 지 화 　심 어 독 사 　성 기 지 비 　상 수 원 리

【역문】 재물과 색의 화는 독사보다 심하니 몸을 살펴 그름을 알아 항상 멀리 여의어라.

"재물"의 "재"는 재산이고 "물"은 물건이며 "색"은 이성이다. 몸을 해치는 것은 색보다 더한 것이 없고, 도를 상하는 데는 재물보다 더한 것이 없다.

그러므로 부처님께서 계율을 제정하실 때 재물과 색을 엄중히 경계하시되, "색을 보거든 호랑이와 독사와 같이하고, 금옥이 몸에 닿거든 목석을 대하는 것 같이 하라." 하였다. 독사와 호랑이는 한 번 물렸다하면 죽지 않으면 죽음보다 더 큰 고통을 겪게 되기 때문이다.

부처님은 일국의 왕자로서 경국여성들이 궁정에 가득하고 3천 처녀가 항상 궁중을 성 쌓듯 하였어도 오히려 색 대하기를 초개와 같이 하였으며, 성도 후 명예와 도덕이 5천하에 넘쳐흘러 16대국의 영주들이 그를 받들고 모시기 천인 같이 하였으나 1의 1발 밖에 더 가진 것이 없었다.

늙은 여자는 어머니와 같이 생각하고 나이 많은 이는 누이와 같이 생각하며 나이 적은 이는 동생과 같이 생각하라. 이 흐린 세상을 살아가기를 마치 저 연꽃과 같이 하라. 연꽃은 더러운 물 가운데 나 그 속에 살면서도 조금도 그에 젖지 않는다. 사랑은 소금물 같고 재물은 칼끝의 꿀과 같아 마시면 마실수록 더욱 갈증이 나고 빨면 빨수록 더욱 미각을 돋는다. 그러나 그것은 마치 횃불을 잡고 바람을 거슬러 가는 것과 같아 마침내는 혀를 베고 손을 태우는 우환이 있다.

다음은 내부 출입을 경계한다.

(6) 출입을 경계하다(出入警戒)

【원문】 無緣事則 不得入他房院
　　　　 무 연 사 즉 부 득 입 타 방 원

【역문】 인연한 일이 없이는 다른 사람의 방이나 집에 들어가지 말라.

"인연한 일"이란 꼭 가야 할 불가피한 일이다. "일"이란 무엇을 짓거나 이루기 위하여 몸과 정신을 쓰는 것인데, 요즈음 말로 하면 노동이나 작업을 하는 것이다. "무엇을 빌리러 가든지 물으러 가든지 배우러 가든지, 아니면 서로 돕고 협조하기 위해 의논하고 타협하기 위해서 가는 것은 좋지만 일없이 남의 방이나 집에 가 그 꾸며놓은 모습이나 작용을 보고 마음에 동요가 생기면 하라는 공부는 하지 않고 또 다른 일거리만 장만하기 때문에 주의를 환기시킨 것이다.

남의 일기를 비밀이 많은 것 같이 느껴져 비밀을 탐지할 염려가 있으므로 다음에는 비밀을 경계하였다.

(7) 비밀을 탐색하지 말라(秘密探索)

【원문】 當屛處 不得强知他事
　　　　당 병 처　부 득 강 지 타 사

【역문】 병처(屛處)에 나아가 굳이 남의 일을 알려 말라.

"병처"는 병풍 친 곳 같이 으슥한 곳을 말한다. 말하자면 남의 집 창문 뒤나 골방 같은 곳이다. 대개 비밀을 엿듣는 사람은 그런 곳에 나아가야 하고, 또 그런 말은 그런 곳에서 많이 하기 때문이다.

"비밀"은 외부에 알려서는 안되는 속마음이다. 국가가 안보를 위해서 첩보를 듣고 한 단체가 조직을 위해서 서로 지켜나가는 비밀이 있는데 첩보원처럼 활동하여 그 비밀을 폭로함으로써 대중의 화합을 깨고 수행자의 마음을 괴롭게 한다면 출가자의 본래 뜻이 망가질 염려가 있기 때문이다.

다음은 세탁하는 방법이다.

(8) 세탁할 때의 주의사항(洗濯注意)

【원문】 非六日 不得洗浣內衣
　　　　비 육 일　부 득 세 완 내 의

【역문】 6일이 아니면 속옷을 빨지 말라.

"세탁"은 빨래다. 빨래에는 속빨래가 있고 겉빨래가 있는데 여기서는 특히 속빨래를 말한 것이다.

인과경에 이르되 "모든 성인이 3, 6일에 모여 곤충의 무리들을 제도한다" 하였으니 혹 이, 벼룩 등의 곤충을 상하더라도 그날만은 자연 제도가 되기 때문이다. 그러나 유독 3일이 아닌 6일만을 세탁일로 정한 것은 늦어도 10일에 한 번씩은 속옷을 빨아 입게 하기 위해서일 것이다. 또 많은 사람들(당시 修禪社 대중은 무려 8백여 명이나 되었다 함)이 제각기 제 편리대로 날짜를 택하여 옷을 빨면 도대체 질서를 유지할 수 없었기 때문일 것이다.

다음은 세수하고 양치질 하는 방법이다.

(9) 세수하고 양치질하는 법(盥漱法)

【원문】 臨盥漱 不得高聲涕唾
　　　　임 관 수 부 득 고 성 체 타

【역문】 세수하고 양치질 할 때는 소리 높여 침 뱉지 말라.

"관수(盥漱)는 낯씻고 양치질 하고 뒷물 하는 것을 말한다. 더 나아가서는 몸을 씻고 닦는 것도 일반적으로 관수라 한다.

사미율의에서 목욕하고 뒷물 할 때 주의사항을 다음과 같이 설하고 있다.

목욕할 때는 "먼저 낯을 씻고 위로부터 아래까지 천천히 씻되 성급하게 덤벼들어 물이 옆 사람에게 뿌려지지 않게 하라. 남과 이야기 하고 큰 소리로 웃으면 안되고 욕실에 소대변을 보면 안된다. 만일 몸에 전염병이나 피부병이 있거든 맨 나중에 목욕하되 욕탕에는 들어가지 말라. 또 너무 오래 씻어 뒷사람에게 방해를 주지 말고 씻은 물이 조금도 욕탕에 들어가지 않게 하라" 하였고,

"또 변소에 갈 때는 미리 가되 오래 참다가 급하게 가지 말라. 법복은 정한 장소에 잘 개어서 걸고 변소에 들어가서는 먼저 노크 하여 안에 사람이 있는가를 확인하여 만약 안에 사람이 있으면 기다리지 빨리 나오라 재촉하지 말라. 변소에 들어가서는 가만히 앉아 '일체 중생과 함께 탐진치를 버리고 죄를 덜게 하여 주소서' 하고 게송을 외운 뒤 볼일을 보되 아래를 내려다보지도 말고 끙끙 소리를 내지도 말며 벽에 침을 뱉거나 낙서해도 안된다. 옆에 사람이 있더라도 이야기 하지 말고 일을 다 본 다음에는 안에서 옷을 단정히 입고 나오되 허리띠를 밖에까지 나와 매면 안된다. 밖에 나와서는 반드시 물탕에 들어가 뒷물을 하고 뒷물을 한 뒤에는 꼭 비누로 손을 씻어야 한다" 하였다.

또 비구계에서는 "탑이나 법당 주위에서는 일체 침 뱉거나 코를 풀지 말고 양치질도 하지 말라" 하였다.

다음은 이익 되는 물건을 분배할 때의 주의사항이다.

(10) 분배하는 법(分配法)

【원문】 行益次 不得搪揬越序
　　　　 행 익 차 부 득 당 돌 월 서

【역문】 이익되는 일을 할 때는 당돌히 차서를 넘지 말라.

"이익 되는 일"이란 법문 듣고, 법을 묻고, 음식·의복·와구 등 기타 시주물건을 주고받는 일을 말한다. 절에서는 매년 결제 때 자리가 정해진다. 선방에서는 증명(證明)·회주(會主)·선덕(禪德)·병법(秉法)·어산(魚山)·범음(梵音)·범패(梵唄)·지전(持殿)·창불(唱佛)·집금(執金)·헌향(獻香)·봉다(奉茶)·간당(看堂)·송자(頌子)·도자(道子)·시자(侍子)·종두(種頭)·판수(判首)·축상(祝上)·표백(表白)·통알(通謁)·시식(施食)·헌식(獻食)·대령(大靈)·정통(淨桶)·화대(火臺)·지배(地排)·서기(書記)·별좌(別座)·도감(都監)·찰중(察衆)·입승(立繩)·유나(維那) 등 각기 직부별로 결제방을 작성하고 그에 따라 자리를 정하는가 하면 강원에서는 증명·회주·병법·신덕·지전·창불·봉사·사자·간당·종두·설탑(設榻)·서기·찰중·입승·유나 순으로 작성한다. 또 재를 지낼 때는 제시용상방(齋時龍象榜)이 있고, 또 따로 육색방(六色榜)이 가설된다.

그러나 자리는 이와 같은 순서를 따라 꼭 그렇게 배석되는게 아니다. 대개 법랍을 기준해서 설정하되 회주·증명·선덕 등을 우선적으로 상좌에 앉힌다. 그러나 어떻든 한 번 정해진 자리는 함부로 자기 마음대로 변경하지 못한다. 주는 음식을 먼저 받기 위하여 손을 내밀어도 안되고 물건을 돌릴 때 친소를 따라 순서를 어겨도 안된다. 하물며 좋고 나쁜 것을 따라 많이 주고 적게 주는 일을 차마 할 수 있으며, 보기 드문 것을 보았다고 어른 앞을 앞질러 갈 수 있겠는가.

※ 제시용상방(齋時龍象榜 ; 安震湖 편 석문의범)
　 증명(證明)·회주(會主)·선덕(禪德)·병법(秉法)·어산(魚山)·범음(梵音)·범패(梵唄)·중수(衆首)·판수(判首)·종두(種頭)·도자(道者)·공발(攻鈸)·명나(鳴螺)·양산(陽傘)·위의(威儀)·봉련(鳳輦)·시자(侍子)·당좌(堂佐)·중단(中壇)·사단(使壇)·고단(庫壇)·마단(馬壇)·상소(上疏)·중소(中疏)·

하소(下疏)·대령(對靈)·영반(靈飯)·헌식(獻食)·시식(施食)·서기(書記)·지빈(知賓)·찰중(察衆)·유나(維那).

※ 부설 육색방(六色榜)
조화(造花)·조과(造果)·조병(造餠)·숙두(熟頭)·채로(菜露)·공기(供器)·세면(細麵)·자색(煮色)·반색(盤色)·시저(匙箸)·다각(茶角)·지전(持殿)·정통(淨桶)·급수(汲水)·화대(火臺)·지배(地排)·지빈(知賓)·별좌(別座)·도감(都監)·서기(書記)·유나(維那).

다음은 경행하는 법이다.

(11) 경행법(經行法)

【원문】 經行次 不得開襟掉臂
경 행 차 부 득 개 금 도 비

【역문】 경행할 때는 옷깃을 헤치거나 팔을 흔들지 말라.

원래 "경행"은 범어 vihara로서 "행도(行道)"라 번역한다. 요가에서는 환자가 병 치료를 위하여 가볍게 운동하는 것을 경행이라 하지만, 선방에서는 좌선하다가 졸음을 막기 위하여 잠시 일어나 순행하는 것을 행도라 한다.

그러나 이 글은 선방에서의 주의사항이 아니고 일반 행자들을 경계한 글이니 보통 실내외에서 가볍게 걸어다니는 걸음을 말한 것이다. 집 안이라고 해서 옷깃을 헤치고 방자한 걸음을 걸어도 안되고 집 밖이라고 해서 활개를 펴고 사방을 바라보며 흥얼거리는 소리를 내면서 걸음을 걸어도 안된다는 말이다. 불도는 평상심이기 때문이다.

다음은 말하는 법이다.

(12) 언어법(言語法)

【원문】 言談次 不得高聲戲笑
　　　　 언 담 차 부 득 고 성 희 소
【역문】 말 할 때는 소리를 높여 희롱하는 웃음을 짓지 말라.

"말"이란 속마음의 생각을 표현하는 것이기 때문에 진실해야 한다. 그런데 거기 소리를 높여 희롱하는 웃음을 짓는다면 되겠는가.
"희롱"이란 말이나 행동으로 실없이 놀리는 것이다.
다음은 문밖 출행을 경계한 글이다.

(13) 출행법(出行法)

【원문】 非要事 不得出於門外
　　　　 비 요 사 부 득 출 어 문 외
【역문】 중요한 일이 아니면 문 밖에 나가지 말라.

"문"은 일주문(一柱門)이니 절 안에서는 오직 이 문을 통용하고 있기 때문이다.
앞서 "인연한 일이 없이는 다른 사람의 방이나 집에 들어가지 말라"한 것은 절 안의 출입을 경계한 것이고, "중요한 일이 아니면 문 밖에 나가지 말라"한 것은 절 밖의 출입을 경계한 것이다. 자주 자주 나는 새는 그물의 재앙이 두렵고 경망스럽게 돌아다니는 짐승은 화살의 상처를 입을 염려가 있다.
그러므로 세존께서는 설산에서 6년을 앉아 동하지 않으셨고, 달마대사는 소림굴 속에서 9년을 면벽관심(面壁觀心)하신 것이다. 세속의 인정을 끊고 출가수도한다는 사람이 일 없이 문밖에 나와 우왕좌왕해서야 되겠는가.
다음은 환자를 간호하는 법이다.

(14) 환자 간호법(看護法)

【원문】 有病人 須慈心守護
　　　　 유병인 수자심수호

【역문】 병든 사람이 있으면 자비심으로 간호하라.

　"간호"란 상처 입은 사람이나 병든 사람을 돌보며 시중을 드는 것을 말한다. 이 세상에 뭐니 뭐니 해도 의지없이 병들어 있는 사람처럼 불쌍한 사람이 없고 그런 사람을 간호하고 보호하는 것보다 더 큰 복은 없을 것이다.
　그러므로 부처님께서 "병자를 보거든 나를 보는 것 같이 하라." 하시고, "이 세상 보시 가운데 이것보다 더 큰 보시는 없다" 하신 것이다.
　다음은 손님 접대하는 법이다.

(15) 손님 접대법(接待法)

【원문】 見賓客 須欣然迎接
　　　　 견빈객 수흔연영접

【역문】 손님이 오거든 기쁜 마음으로 맞아 접대하라.

　"손님"이란 남의 집이나 절이나 암자에 와서 묵고 있는 사람이나 주인을 찾아온 사람이나 찾아간 사람이다. 혹 청해서 온 사람도 있고, 청하지 않아도 스스로 간 사람이 있으며, 물건을 보러, 사정을 살피기 위해 오는 길손을 말한다.
　"기쁜 마음"이란 마음을 즐겁게 하여 손님으로 하여금 미안한 마음(부담된 생각)을 내지 않도록 하는 것이다. 없는 것을 만들어 억지로 접대하는 것이 아니라 형편을 따라 공경하되 정성을 다하여 공경하면 된다.
　다음은 어른 섬기는 법이다.

(16) 어른 섬기는 법(尊待法)

【원문】 逢尊長 須肅恭回避
　　　　봉 존 장 수 숙 공 회 피

【역문】 존장을 만나면 엄숙하고 공경한 마음으로 길을 비켜 드리라.

"존장(尊長)은 존경하여야 할 어른이다. 나이가 많고 행이 뛰어난 웃어른, 이런 분들을 길가에서 만나면 엄숙한 태도로 공경히 길을 비켜 지나가신 뒤에 조심스럽게 가라는 말이다.

옛날 공자님께서 3강 5륜을 만드실 때 다섯 가지 영물에서 힌트를 얻었다는 말이 있다. 즉 첫째 부자유친(父子有親)은 호랑이를 보고 만들었는데, 호랑이는 새끼를 가지면 10리 안의 물건은 토끼 한 마리도 범하지 않는데 그 이유는 자식을 사랑하는 까닭이다. 둘째 군신유의(君臣有義)는 벌에서 얻었는데, 일벌이 왕벌을 위하여 일을 하되 생명을 버려도 아깝게 생각하지 않는 까닭이다. 셋째 부부유별(夫婦有別)은 말에서 얻었는데, 말은 발정(發精)하나 때(受胎의 시기)를 가리고, 또 상대를 가리기(4촌까지는 알아본다 함) 때문이며, 넷째, 붕우유신(朋友有信)은 개미에서 얻었는데, 개미는 눈이 없으나 신의로서 노정을 교제하고 생사를 같이 하기 때문이며, 다섯째 장유유서(長幼有序)는 기러기에서 얻었는데, 기러기는 날고 앉음에 반드시 차서를 범치 않기 때문이라 하였다. 사람이 어찌 미생동물에 미치지 못할까마는 혹 지나쳐서 넘어서고(過) 미치지 못하는 바(不及) 없지 않으므로 도의 중축을 삼고자 이를 제시하신 것이다.

사미율의에서도 웃어른 공경하는 법을 "어른 이름은 함부로 부르지 못한다. 어른들의 말씀을 엿듣지 말고, 앉아서 어른이 지나가는 것을 보고도 일어나지 않으면 안된다. 물론 특별한 경우(독경·질환·삭발·工事·운력할 때)에는 제외된다" 하였고, 또 스님 시봉하는 법을 "스님보다 일찍 일어나고 늦게 자야 한다. 들어갈 때는 반드시 노크하고 안에서 대답이 없으면 물러가라. 허물이 있어 경계함이 있으면 부끄러운 마음을 내어 뉘우치되 퉁명스럽게 대답하면 못쓴다. 스님과 스님들을 대할 때는 부처님 대하듯 하라. 더러운 그릇을 비어오라 하면 침 뱉지 말고 투덜거리지 말라. 친히 뵙고자 스님 방을 찾았으나 스님께서 　염불·참선·간화·독송·정행·치목(齒木)·식사·수면·세수·목욕하실 때는 절하지 않는다.

　스님께 음식을 드릴 때는 반드시 두 손으로 받들고 다 잡수신 뒤에는 천천히 그릇을 거두어야 한다. 스님을 모실 때에는 마주 서지 말며 너무 멀리 서지도 말고 너무 바싹 붙어 서지도 말라. 작은 음성도 잘 들릴 정도로 서서 스님이 힘쓰지 않도록 하라. 법을 물을 때는 법복을 단정히 입고 절하고 꿇어 앉아 정신 차려 묻되 스님께서 피로한 기색이 있으면 곧 물러가되 불쾌한 기색을 보이지 말라. 계를 범하였거나 잘 못한 일이 있으면 숨기지 말고 참회하되 스님이 허락하시면 솔직히 말하라. 아무리 무서운 죄도 참회하면 깨끗해진다. 스님이 말씀을 끝내기 전에는 말하지 말고, 스님 자리에는 장난삼아서라도 앉지 말라. 스님의 옷과 모자를 입거나 쓰지 못한다. 스님의 명령으로 편지를 전할 때는 가만히 떼어 보지 못하며, 다른 사람들을 주어 보게 하지 못한다. 편지 받은 사람이 무슨 일을 물으면 사실대로 대답하고 모르는 것은 모른다 하되 억지로 아는 척 하지 말라.

　또 스님의 허락 없이는 묵어 오지 못하며 스님이 기다릴 것을 생각하여 바로 집으로 돌아와야 한다. 스님이 손님을 맞이하면 스님과 마주서서 스님의 명령을 기다리고 스님이 병들면 정성껏 간호하라.

　또 스님을 모시고 다닐 때는 남의 집을 찾아다니지 못한다. 길가에 서서 다른 사람과 이야기 하면 못쓰고 한 눈 팔면 못쓴다. 스님 뒤를 조심조심 따라 목적지에 이르면 한 편에 섰다가 스님이 앉으라 하면 앉되 스님보다 높은 자리에 앉으면 못쓴다. 다른 절에 가서 예불을 모시게 되면 정해준 자리에 서서 대중이 하는 대로 하되 솔선해서 목탁을 치거나 경쇠를 들어서는 안된다. 산에 갈 때에는 깔 것을 가지고 따라가고 물을 건널 때는 먼저 지팡이로 물의 깊이를 재어 빠지지 않게 하라. 길을 갈리어 만나기를 약속하면 약속한 시간에 늦지 않게 미리 당도해 있어야 한다." 하였다.

　분별선악소기경(分別善惡所起經)에서는 행자가 스님과 존장을 위하여 이와 같이 행동하면 "첫째 남에게 존경을 받고, 둘째 이름이 넓게 드날리며, 셋째 천상의 과보를 받고, 넷째 인간에 태어나 뭇 사람의 총애를 받고, 다섯째 항상 자심에 기쁨을 맛본다" 하였다. 출가 행자는 마땅히 이 같은 공덕을 받들어 행하라. 재가 신도라 하더라도 내 부모 내 형제를 비롯하여 모든 존장을 이와 같이 받들어 모신다면 한량없는 복을 성취할 것이다.

다음은 도구에 관한 이야기이다.

(17) 도구를 판단할 때(辦道具)

【원문】 辦道具 須儉約知足
　　　　 판 도 구　수 검 약 지 족
【역문】 도구를 판단하되 검소하고 약소한 것으로 만족할 줄 알라.

"도구"는 어떤 일을 할 때 쓰이는 연장이다. 여기에서는 불도를 닦는데 필요한 불상·포단·발우 등 모든 도구를 말한다. 말하자면 먹고 입고 자고 쓰는 일체의 용구를 말한다. 중국의 정림(靜林) 선사는 절벽 위 나무 아래 앉아서 공부했다 하고, 통달지판(通達智辦)선사는 풀뿌리와 나무 과실로 주린 창자를 위로하고, 당나라 혜휴(慧休)법사는 한 켤레 신을 30년간이나 신었다 하며, 우리나라 효봉(曉峰)스님은 반드시 오후에는 밥을 잡수시지 아니 하였다. 밥이 없어서가 아니라 은애가 두렵기 때문이다.

농부도 늘 배고픈 고가 있고 직녀도 또한 한난(寒暖)의 핍박이 있다. 하물며 시주의 은혜 속에 사는 중이 어찌 등 따뜻하고 배부르기를 바라겠는가. 고대광실 높은 집(절은 대개 다 그러하므로)에서 때를 따라 밥을 먹고 철을 따라 옷을 입으면서 오히려 춥고 배고픔을 견디지 못한다면 어떻게 헐벗은 직녀를 보고 주린 농부를 바라볼 수 있겠는가. 마땅히 검소하고 약소한 것으로 만족할 줄 알아야 할 것이다.

다음은 공양의식이다.

(18) 공양의식(供養儀式)

공양의식에는 첫째 마시고 씹는 소리가 나지 않게 하는 것과, 숟가락 젓가락을 들고 놓을 때는 편안히 조심스럽게 하는 것, 낯을 들어 이리 저리 돌아보지 않고, 음식을 가려 먹지 않고, 조용히 잡념을 없애고 공양의 참뜻을 생각하며 먹도록 가르치고 있다.

① 소리가 나지 않게 하라(無作聲)

【원문】 齋食時 飮啜 不得作聲
      제 식 시 음 철 부 득 작 성

【역문】 재식시에는 마시고 씹는 소리가 나지 않게 하라.

재(齋)는 범어 uposadha로서 원뜻은 몸과 입과 뜻을 정재(整齋)하고 악업을 짓지 않는 것을 말한다. 그런데 부처님 당시에는 부처님께 바치는 공양을 재공(齋供)이라 불렀다. 우리나라에서는 처음에는 절에 가서 불공이나 법회 하는 것을 재(齋), 법회가 끝나고 먹는 밥을 재식(齋食)이라 하였는데, 근래에는 죽은 사람 천도제(遷度祭) 지내는 것도 재(49재·100일재), 불공하고 제사지내는 것도 재라 하여 대소를 막론하고 절에서 지내는 일체의 공양의식을 통칭하여 재라 하게 되었다. 하여간 재식(齋食)은 밥 먹는 것(齋食時), 밥 먹는 때로만 알면 별로 틀리지 않을 것이다.

밥을 먹고 물을 마실 때는 훌쩍 훌쩍 마시는 소리를 내어도 안되고 짜악짜악 씹는 소리를 내어도 안된다는 것이다. 왜냐하면 아귀가 이 소리를 들으면 목구멍에서 불이나 죽게 될 뿐 아니라 정중한 식사법이 되지 못하기 때문이다. 그래서 비구계에서는 식사 때의 주의 사항을

"밥과 국은 발우 안에 가득하지 않게 받고(170, 171) 차근차근 먹되(174) 자기가 먹기 위해 국이나 밥을 빨리 달라고 소리치지 말라(175). 국과 밥은 함께 받되(172) 밥으로 국을 덮고 다시 받지 말고(176) 곁에 있는 발우를 보고 혐의를 내지 말고(177) 발우를 꼭 계념(繫念)하여 먹으라(178). 밥숟갈을 너무 크게 떠서 먹지 말고(179) 입을 벌리고 밥을 기다려 먹지 말며(180), 밥을 머금고 말하지 말라(181). 밥을 입에 던져 먹거나(182) 비어 먹으면 안된다(183). 불룩 불룩 거리면서 먹지 말고(184) 씹는 소리를 내지 말고(185) 빨아들이면서 먹지 말고(186) 혀로 핥아먹지 말고(187) 손으로 털면서 먹지 말고(188), 손으로 헤치면

서 먹지 말고(189) 더러운 손으로 식기를 만지지 말고(190) 발우 씻은 물을 속가에 함부로 버리지 말라(191)" 하였고,

사미율의에서는 "밥 북 소리를 듣거든 곧 옷을 입고 자리에 앉아 밥을 받되 온 세계 모든 중생이 모두 건강을 유지하여 도업 이룰 것을 축원하고, 음식은 좋건 궂건 말하지 말라. 밥을 떼어 개·돼지에게 주면 못쓴다. 가반(加飯)을 할 때는 소리를 높여 밥을 요구하지 말고 손으로 신호(합장)하라. 머리를 긁어 더러운 것이 옆 사람의 그릇에 떨어지지 않게 하고, 음식을 입에 넣고 말하거나 웃고 희롱하면 못쓰며, 씹는 소리가 나지 않게 조심조심 먹으라.

혹 음식에 벌레와 같은 못먹을 것이 들었더라도 소란을 피우지 말고 남몰래 집어내어 놓았다가 보지 않게 치워버려라. 앉은 자리에서 한 번에 먹어야 하고, 이리 저리 옮겨 다니면 안되며, 먹고 나서 손으로 그릇을 핥아먹으면 못쓴다. 가반(加飯)이 미쳐 오지 않는다고 짜증내거나 먼저 먹었다고 먼저 그릇을 씻고 일어나도 안된다. 죽비의 신호를 기다려 너무 빨리도 말고 너무 늦지도 않게 먹어라" 하였다.

② 편안하게 조심해서 하라

【원문】 執放 要須安詳
　　　　집 방　요 수 안 상
【역문】 (숟가락 젓가락을) 집고 놓을 때 편안하게 조심스럽게 하라.

인도에서는 밥이나 국을 먹고 마실 때 숟가락 젓가락을 사용하지 않고 그냥 손으로 먹기 때문에 숟가락 젓가락이 필요 없다. 그러나 중국이나 한국에서는 반드시 숟가락 젓가락이 있어야 하므로 이를 사용하는 법을 가르친 것이다.

"숟가락"은 밥이나 국을 떠먹는 기구이고, "젓가락"은 밥이나 찬들을 집어먹는 도구이다. 숟가락은 긴 자루 끝에 오목한 타원형 부분이 달려있고 젓가락은 두 개로 손잡이 있는데는 두텁고 음식을 집는 장소는 뾰족하게 생겼다. 대부분이 나무나 쇠·금·은으로 만들어져 무겁기 때문에 들고 놓을 때 잘못 놓치면 큰 소리가 나게 되어 있다.

그러므로 반야심경에

| 佛於無量劫 | 부처님께서 |
| 불 어 무 량 겁 | 한량없는 겁에 |

| 勤苦爲衆生 | 중생을 위해 |
| 근 고 위 중 생 | 고생하였으니 |

| 云何諸衆生 | 어떻게 중생을 |
| 운 하 제 중 생 | 생각하지 않겠습니까. |

| 能報大士恩 | 능히 부처님의 |
| 능 보 대 사 은 | 은혜를 갚겠습니다. |

한 것이다.

③ 낯을 들어 돌아보지 말라(不顧視)

【원문】 不得擧顔顧視
부 득 거 안 원 시

【역문】 얼굴을 들어 돌아보지 말라.

  밥을 먹는 사람은 밥이나 국·찬을 바라보며 다른 사람들의 형의(形儀)에 관심을 가질 필요가 없다. 오직 자기 일에 충실하면 모든 대중이 함께 할 공양이 잘 될 수 있기 때문이다.
  그런데 어떤 사람은 어떤 사람들은 어떻게 무엇을 먹고 있는지 유심히 관심을 가지고 있다가 먹고 난 뒤에 잔소리 하는 경우가 있기 때문에 이런 말씀이 나오게 된 것이다. 다만 발우속에 들어 있는 밥을 바라보면서 다음 게송을 속으로 외운다.

| 若見滿鉢當願衆生 | 발우속에 가득찬 |
| 약 견 만 발 당 원 중 생 | 음식을 보고 발원합니다. |

| 具足成滿一切善法 | 일체 선법을 |
| 구 족 성 만 일 체 선 법 | 구조하도록 하겠습니다. |

得香美食當願衆生	향기로운 아름다운
득 향 미 식 당 원 중 생	음식들이 있으니
知足少欲情無所着	작은 것으로 만족,
지 족 소 욕 정 무 소 착	감정에 치우치지 않겠습니다.

④ 가려 먹지 말라(不揀擇)

【원문】 不得欣厭精麤
　　　　부 득 흔 염 정 추
【역문】 정미로운 것을 좋아하고 거치른 것을 싫어하지 말라.

　음식은 모두 정성들여 만들어진 것이다. 그 음식을 통하여 건강을 유지하기도 하지만 내 입을 통해서 들어간 음식은 좋은 것이든 나쁜 것이든 모두 해탈을 얻도록 마음의 자세를 가져야 한다.
　"정미로운 것"은 주로 세밀하게 요리된 음식(고기 종류 같은 것)을 말하고, "거치른 것"은 나물 종류와 같이 자연식을 그대로 정리하지 않고 있는 그대로 요리한 음식들이다.
　그러므로 반야심경에 다음과 같은 게송이 나온다.

願我所受供	원컨대 제가 받은
원 아 소 수 공	이 공양이
變成妙供具	묘한 공양구로
변 성 묘 공 구	변하여서
遍於法界衆	법계 가운데
변 어 법 계 중	꽉 차서
供養諸三寶	3보님들께
공 양 제 삼 보	공양합니다.

| 次施諸衆生 | 다음은 모든 |
| 차 시 제 중 생 | 중생들께 베풀어 |

| 無有飢渴者 | 목마르고 배고픈 자가 |
| 무 유 기 갈 자 | 없게 하겠아오니 |

| 變成法喜食 | 법희식으로 |
| 변 성 법 희 식 | 변하여 |

| 速成無上道 | 속히 무상도를 |
| 속 성 무 상 도 | 이루게 하옵소서. |

⑤ 조용히(沈默行)

【원문】 須默無言說
　　　　수 묵 무 언 설

【역문】 모름지기 묵묵히 말이 없이 하라.

절에서는 특히 세 가지에서 말이 없이 한다.
첫째는 음식 먹을 때
둘째는 잘 때
셋째는 법문 들을 때

　음식 먹을 때 말을 많이 하면 음식이 입에서 튀어나올 염려가 있고, 잠잘 때 말을 많이 하면 옆에 사람들이 잠을 잘 수가 없다. 그리고 법문할 때 말을 하면 자신도 법문을 듣지 못하게 되지만 다른 사람들도 시끄럽게 하여 장애를 주기 때문이다.

　실로 우리 몸에는 9억 충이나 되는 무수한 벌레가 있다. 이들을 제도하기 위해서 음식을 먹는다고 생각해야 한다.

　그러므로 반야심경에

| 我身中有八萬毫 | 내 몸 가운데 |
| 아 신 중 유 팔 만 호 | 8만 털이 있는데 |

一一各有九億蟲
일 일 각 유 구 억 충

낱낱의 털 가운데
9억 충이 들어 있다.

濟彼身命受信施
제 피 신 명 수 신 시

저들 생명을 구하기 위해
신시를 받았으니

我必成道先度汝
아 필 성 도 선 도 여

내 반드시 성도하여
그대들을 먼저 제도하리라.

하였다.

⑥ 잡된 생각을 하지 말라

【원문】 須防護雜念
　　　수 방 호 잡 념

【역문】 모름지기 잡된 생각을 하지 말라.

"잡된 생각"이란 여러 가지 생각이 뒤엉켜 뒤죽박죽한 모습이다. 음식의 좋고 나쁜 것이라든지, 많고 작은 것이라든지, 해도 안해도 소용이 없는 이러한 것들을 망상하는 경우가 있는데 조용히 순수한 마음으로 공양의 참뜻을 생각하고 음식을 먹으라는 말이다.

計功多少量彼來處
계 공 다 소 량 피 래 처

얼마나 많은 공덕이 들었는지
온 곳을 생각해 보라.

忖己德行全缺應供
촌 기 덕 행 전 결 응 공

조그마한 덕행도 없이
공양을 받는다면

防心爲果貪等爲實
방 심 위 과 탐 등 위 실

마음에 과를 막고
탐심만 생기게 될 것이니

正思良藥爲療形枯
정 사 양 약 위 료 형 고

양약으로 생각하여
영양실조가 없게 하겠습니다.

하였다. 그리고 밥 일곱 낱을 떼어 손바닥 위에 올려놓고 귀신들께 공양하였다.

七粒遍十方　　이 일곱 낱의 음식이
칠 립 변 시 방　　시방세계에 가득하게 하여

三途飢渴者　　3도의 목마르고
삼 도 기 갈 자　　허기진 자들에게 드리오니

悉除熱惱　　모두 열뇌를
실 제 열 뇌　　제거하고

普同供養　　다같이
보 동 공 양　　공양하십시오.

한 방울의 물에도 8만4천 충이 들어 있다.

吾觀一滴水　　내 한 방울의
오 관 일 적 수　　물을 보니

八萬四千蟲　　8만4천 충이
팔 만 사 천 충　　들어 있도다.

若不念此呪　　만일 이 주문을
약 불 념 차 주　　외우지 않고 먹으면

如食衆生肉　　중생의 고기를 먹는
여 식 중 생 육　　것과 같이 됩니다.

⑦ 공양의 참 뜻

　공양의 참 뜻에도 건강과 도업에 관계된 것이 있고, 음식 먹을 때 외우는 반야심경이 있으며, 주고 받는 물건에 대한 생각, 도업을 실천해 가는 방법에 관한 것이 있다.

ㄱ. 건강유지(健康維持)

【원문】 須知受食 但療形枯
　　　　 수 지 수 사 단 료 형 고

【역문】 모름지기 밥을 받는 것이 다만 건강을 유지하기 위해(영양 보충하는 것으로) 생각하라.

그러므로 경에

禪悅爲食 法喜充滿　　　선열로써 밥을 삼아
선 열 위 식 법 희 충 만　　　법의 기쁨 충만케 하고

其心淸淨 空無煩惱　　　그 마음을 청정하게 하여
기 심 청 정 공 무 번 뇌　　　빈 마음에 번뇌를 없애겠다

한 것이다.
　말하자면 먹기 위해서 살고 살기위해서 먹는 것이 아니라 안으로는 내 자신을 구제하고 밖으로는 중생을 구제하기 위해서 먹고 살아야 한다. 한 방울의 물속에도 8만4천 마리의 벌레가 들어 있다 한다. 하룻밤, 하루 낮에 먹고 마시는 것은 그 얼마나 많은 생명들을 잠식하고 있다는 말인가.
　그래서 옛 사람들이 이르기를, "滴水도 也難消라" 하였는가 보다. 그러나 몸속에 있는 모든 충(신체 자체가 수많은 세포로 구성되고 또 그 안에는 수없이 많은 벌레들이 서식하고 있으므로)을 살려 형고(形枯)를 낫게 하고 영양을 보충하여 질병을 예방하므로 자성을 깨닫게 되는 것이니 한 소식을 깊이 뚫어 만 중생을 제도하게 된다면 그때에는 하루 아침에 천만금이면 어떻고 한 때 한 가마닌들 어떻겠는가. 한 알의 쌀이 내 입에 들어오기까지는 적어도 여든여덟 번 손이 가야한다(쌀 米자는 八十八事를 의미하므로)고 하는데 어찌 허랑한 생각으로 목적의식 없이 날로 밥을 받아 배만 채우고 있겠는가.

ㄴ. 도업을 이루기 위해 먹는다고 생각하라(道業成就)

【원문】 爲成道業
　　　　 위 성 도 업

【역문】 도업을 이루기 위해

　도를 닦는 한 과정으로써 장차 대도를 성취하기 위한 한 방법으로써 영양보충하는 것으로 생각하는 것이다.
　그러므로 반야심경에는 세 가지로써 음식을 정의하고 있다.
　첫째, 일체 악업을 정리하고 선행을 닦기 위해서

願斷一切惡　　　　일체
원 단 일 체 악　　　악을 끊고

願修一切善　　　　일체
원 수 일 체 선　　　선을 닦고

둘째, 덕행을 원만히 하고 지혜를 닦기 위해서

德行圓滿　　　　덕행을
덕 행 원 만　　　원만히 하고

成十種智　　　　10종
성 십 종 지　　　지혜를 이루고

셋째, 번뇌를 제거하고 걸림없는 변재를 얻기 위해서

等同法藥除煩惱　　　법의 약으로써
등 동 법 약 제 번 뇌　　번뇌를 없애고

色力命安無碍辯　　　색력을 기르고 생명을 편안히 하여
색 력 명 안 무 애 변　　걸림없는 변재를 얻는다.

다음은 공양게(供養偈)다. 공양게는 반야심경을 외우게 되어 있다. 여기에 대심경과 소심경이 있으나 여기서는 대심경을 소개하겠다.

ㄷ. 반야심경(般若心經)

【원문】 須念般若心經
　　　　 수 념 반 야 심 경

【역문】 모름지기 반야심경을 생각하라.

"반야심경"은 공양할 때 외우는 글이다.
그 내용은 다음과 같다.

◎ 전발게(展鉢偈 ; 발우를 펴면서)

如來應量器
여 래 응 량 기

我今得敷展
아 금 득 부 전

願共一切衆
원 공 일 체 중

等三輪共寂
등 삼 륜 공 적

唵 鉢多羅野 裟婆訶
옴 발 다 라 야 사 바 하

◎ 마하반야바라밀다심경(摩訶般若波羅蜜多心經 ; 법을 생각하면서)

觀自在菩薩 行深般若波羅密多時 照見五蘊皆空 度一切
관 자 재 보 살　행 심 반 야 바 라 밀 다 시　조 견 오 온 개 공　도 일 체

苦厄 舍利子 色不異空 空不異色 色卽是空 空卽是色 受
고 액　사 리 자　색 불 이 공　공 불 이 색　색 즉 시 공　공 즉 시 색　수

想行識 亦復如是 舍利子 是 諸法空想 不生不滅 不垢不
상 행 식 역 부 여 시 사 리 자 시 제 법 공 상 불 생 불 멸 불 구 부

淨 不增不減 是故 空中無色 無受想行識 無眼耳鼻舌身意
정 부 증 불 감 시 고 공 중 무 색 무 수 상 행 식 무 안 이 비 설 신 의

無色聲香味觸法 無眼界 乃至 無意識界 無無明 亦無無明
무 색 성 향 미 촉 법 무 안 계 내 지 무 의 식 계 무 무 명 역 무 무 명

盡 乃至 無老死 亦無老死盡 無苦集滅度 無智亦無得 以
진 내 지 무 노 사 역 무 노 사 진 무 고 집 멸 도 무 지 역 무 득 이

無所得故 菩提薩埵 依般若波羅密多故 心無罣碍 無罣碍
무 소 득 고 보 리 살 타 의 반 야 바 라 밀 다 고 심 무 가 애 무 가 애

故 無有恐怖 遠離顚倒夢想 究竟涅槃 三世諸佛 依般若波
고 무 유 공 포 원 리 전 도 몽 상 구 경 열 반 삼 세 제 불 의 반 야 바

羅密多故 得阿耨多羅三藐三菩提 故知般若波羅密多 是
라 밀 다 고 득 아 뇩 다 라 삼 먁 삼 보 리 고 지 반 야 바 라 밀 다 시

大神呪 是大明呪 是無上呪 是無等等呪 能除一切故 眞實
대 신 주 시 대 명 주 시 무 상 주 시 무 등 등 주 능 제 일 체 고 진 실

不虛 故説般若波羅密多呪
불 허 고 설 반 야 바 라 밀 다 주

卽説呪曰 羯帝羯帝 婆羅羯帝 婆羅僧揭帝 菩提裟婆訶
즉 설 주 왈 아 제 아 제 바 라 아 제 바 라 승 아 제 모 지 사 바 하

◎ 십념(十念 ; 불승들을 생각하면서)

清淨法身毘盧遮那佛　　　圓滿報身盧舍那佛
청 정 법 신 비 로 자 나 불　　　원 만 보 신 노 사 나 불

千百億化身釋迦牟尼佛　　九品導師阿彌陀佛
천 백 억 화 신 석 가 모 니 불　　구 품 도 사 아 미 타 불

當來下生彌勒尊佛　　　十方三世一切尊諸佛
당 래 하 생 미 륵 존 불　　　시 방 삼 세 일 체 존 제 불

十方三世一切尊法　　大聖文殊舍利菩薩
시방삼세일체존법　　대성문수사리보살

大行普賢菩薩　　　　大悲觀世音菩薩
대행보현보살　　　　대비관세음보살

大願本尊地藏菩薩　　諸尊菩薩摩訶薩
대원본존지장보살　　제존보살마하살

摩訶般若波羅蜜
마하반야바라밀

若飯食時當願眾生　　禪悅爲食法喜充滿
야반식시당원중생　　선열위식법희충만

結跏趺坐當願眾生　　其心淸淨空無煩惱
결가부좌당원중생　　기심청정공무번뇌

◎ 불삼신진언(佛三身眞言 : 법/보/화 3신을 생각하면서)
　 "옴 호철모니 사바하"

◎ 법삼장진언(法三藏眞言 : 경/율/론 3장을 생각하면서)
　 "옴 불모규라혜 사하바"

◎ 승삼승진언(僧三乘眞言 : 성문/연각/보살 3승을 생각하면서)
　 "옴 수탄복다혜 사바하"

◎ 계장진언(戒藏眞言 : 계를 청정히 지킬 것을 생각하면서)
　 "옴 흘리부니 사바하"

◎ 정결도진언(定決道眞言 : 선정을 닦을 것을 생각하면서)
　 "옴 합부리 사바하"

◎ 혜철수진언(慧徹修眞言 : 지혜 닦을 것을 생각하면서)
"옴 나좌파니 사바하"

◎ 막제게(莫啼偈 : 라홀라 등에게 울음을 그치게 한데 있음)

佛於無量劫　　勤苦爲衆生
불 어 무 량 겁　　근 고 위 중 생

云何諸衆生　　能報大士恩
운 하 제 중 생　　능 보 대 사 은

普賢普薩十大願　　廣修供養無疲厭
보 현 보 살 십 대 원　　광 수 공 양 무 피 염

南無靈山會上佛菩薩
나 무 영 산 회 상 불 보 살

南無華嚴會上佛菩薩
나 무 화 엄 회 상 불 보 살

南無蓮池彌陀會上佛菩薩
나 무 연 지 미 타 회 상 불 보 살

◎ 음식을 받으면서

若見滿鉢當願衆生　　具足成滿一切善法
약 견 만 발 당 원 중 생　　구 족 성 만 일 체 선 법

得香美食當願衆生　　知節少欲情無所着
득 향 미 색 당 원 중 생　　지 절 소 욕 정 무 소 착

願我所受供　　變成妙供俱
원 아 소 수 공　　변 성 묘 공 구

通於法界中　　供養諸三寶
통 어 법 계 중　　공 양 제 삼 보

次施諸衆生　　無有飢渴者
차 시 제 중 생　　무 유 기 갈 자

變成法喜食　　速成無上道
변 성 법 희 식　　속 성 무 상 도

我身中有八萬毫　　一一各有九億蟲
아 신 중 유 팔 만 호　　일 일 각 유 구 억 충

濟彼身命受信施　　我必成道先度汝
제 피 신 명 수 신 시　　아 필 성 도 선 도 여

◎ 단수게(斷修偈 : 물을 받으면서)

願攝一切惡　　願修一切善
원 섭 일 체 악　　원 수 일 체 선

所修諸善根　　回向諸衆生
소 수 제 선 근　　회 향 제 중 생

普供成佛道
보 공 성 불 도

◎ 오관게(五觀偈 : 음식을 보면서)

計切多少量彼來處　　忖己德行全缺應供
계 절 다 소 량 피 래 처　　촌 기 덕 행 전 결 응 공

防心爲果貪等爲宗　　正思良藥爲療形枯
방 심 위 과 탐 등 위 종　　정 사 양 약 위 료 형 고

爲成道業應受此食
위 성 도 업 응 수 차 식

汝等鬼神衆　　我今施汝供
여 등 귀 신 중　　아 금 시 여 공

七粒遍十方　三途飢渴　悉除熱惱　普同供養
칠립편시방　삼도기갈　실제열뇌　보동공양

◎ 정식게(淨食偈 : 숭늉을 받으면서)

五觀一滴水　　八萬四千蟲
오관일적수　　팔만사천충

若不念此呪　　如食衆生肉
약불념차주　　여식중생육

"옴 사바나유타발다나야 사바하"

◎ 삼시게(三匙偈 : 발우를 씻으면서)

願斷一切惡　　願修一切善
원단일체악　　원수일체선

願共諸衆生　　同成無上道
원공제중생　　동성무상도

◎ 절수게(絶水偈 : 천수물을 거둘 때)

我此洗鉢水　　如天甘露味
아차세발수　　여천감로미

施汝餓鬼衆　　皆令得飽滿
시여아귀중　　개령득포만

"옴 마휴라세 사바하"

◎ 공양을 마치고

飯食已訖當願衆生　　德行圓滿成十種智
반식이흘당원중생　　덕행원만성십종지

願我所受香味觸　　不住我身出毛孔
원아소수향미촉　　불주아신출모공

遍入法界衆生身　　等同法藥除煩惱
편입법계중생신　　등동법약제번뇌

施者受者俱獲五常　　色力命安及無碍辯
시자수자구획오상　　색력명안급무애변

處世間 如虛空 如蓮花 不着水
처세간 여허공 여연화 불착수

心淸淨 超於彼 稽首禮 無上尊
심청정 초어피 계수례 무상존

◎ 축원문

皇山陛下壽萬歲　　辦供齊者厄消除
황산폐하수만세　　판공제자액소제

四事施主增幅壽　　干戈息靜國太平
사사시주증폭수　　간과식정국태평

法界衆生同一飽　　摩訶般若波羅蜜
법계중생동일포　　마하반야바라밀

捨伽跙富願衆生　　觀諸行性悉皆散滅
사가좌부원중생　　관제상성실개산멸

下床安足當願衆生　　履踐善跡不動解脫
하상안족당원중생　　이천선적부동해탈

堅持應器當願衆生　　成就法器受天人供
견지응기당원중생　　성취법기수천인공

始學足時當願衆生　　越度生死善法滿足
시학족시당원중생　　월도생사선법만족

南無東方解脫主 世界 虛空功德 淸淨微塵 等目端正 功德
남무동방해탈주 세계 허공공덕 청정미진 등목단정 공덕

相　光明華　婆頭摩　瑠璃光　寶體相　最上香　供養訖　種種莊
상　광명화　파두마　유리광　보체상　최상향　공양흘　종종장

嚴頂髻　無量無邊　日月光明　願力莊嚴　變化莊嚴　法界出生
엄정계　무량무변　일월광명　원력장엄　변화장엄　법계출생

無障碍王　如來阿羅訶　三藐三佛陀
무장애왕　여래아라하　삼먁삼불타

退坐出堂當願衆生　　深入佛地永出三界
퇴좌출당당원중생　　심입불지영출삼계

<안진호 편 석문의범>

"전발게"는 발우를 펴면서 외우는 글이고, "반야심경"과 "십념"도 마찬가지다.

"약반식시당원중생"은 밥먹기 전의 발원이고 "불삼신진언"과 "법삼장진언" "승삼승진언"은 3보를 생각한 진언이고, "계장진언"과 "정결도진언" "혜철수진언"은 계·정·혜 3학을 생각한 것이고, "막제게"는 사미승들의 울음을 그치게 한 게송이다.

라훌라가 12세에 출가하여 1일1식을 감당하지 못하여 아침 저녁으로 울므로 20세 성인이 될 때까지는 아침에 죽, 저녁에는 약석(藥夕)으로 조금씩 먹게 하라 하여 이 게송이 나오게 된 것이다.

"보현보살"부터 "미타회상불보살"까지는 영산회상의 불보살들을 생각한 것이고,

"약견만발"로부터 "⌒선도녀"까지는 공양의 목적을 먼저 설파한 것이고,

"단수게" "오관게"는 물 한 방울 밥 한 톨의 공덕을 생각한 것이다.

그리고 "삼시게" "절수게"는 발우를 씻어 아귀종에게 베풀어 주면서 외우는 게송이고 그 나머지는 공양을 마치고 축원한 회향송이다.

이렇게 절에서는 밥 한 그릇 속에 만 가지 공과 덕이 있다는 것을 생각하고 반듯이 그 은혜에 보답할 것을 강조하고 있는 것이다.

다음은 삼륜청정이다.

ㄹ. 삼륜청정(三輪淸淨)

【원문】 應三輪淸淨 不違道用
　　　　응 삼 륜 청 정　불 위 도 용

【역문】 3륜이 청정한 것으로 관하여 도 해가는 마음을 어기지 말라.

"삼륜"은 주는 자와(施者)와 받는 자(受者), 주고 받는 물건(物)이 세 가지에 어떤 상(相)도 견(見)도 붙어 있지 않기 때문에 청정한 것이다.

마찬가지로 시자가 시주를 하고 중이 시주를 받지만 주고 받는 물 자체가 공하여 마음 붙일 것이 없으니 거기에 착심하지 말라는 것이다. 또 모름지기 밥을 받고 밥을 먹는 것이 배를 채우고 맛을 돋우기 위해서 먹고 마신다고 생각해서는 안된다. 위로는 삼보(三寶；佛·法·僧), 사중(四衆；國家·父母·師丈·施主)의 은혜를 갚고 아래로는 삼도(三途；地獄·餓鬼·畜生)의 고통을 건지기 위해서 먹고 마셔야 하기 때문이다.

진짜 청정한 마음으로 주고 받아 쓰면 인천에 복밭이 되어 가난한 곳에서 부유한 곳으로 괴로운 곳에서 즐거운 곳으로 운반하는 수레역할을 하므로 3륜이라 한 것이다. 그것은 가장 깨끗한 것이고, 또 원만한 것이므로 "3륜은 청정하다" 하였으며, 비구계에서는 "3륜을 청정한 것으로 관하여도 해가는 뜻을 어기지 말고 밥 먹을 때는 반드시 5관을 하라" 하였다.

5관이란 "첫째 이 음식이 얼마만한 공덕이 들었고 어떻게 해서 여기까지 왔는가. 둘째 내 도덕과 내 행실이 이 공양을 받을 만한 자격이 있는가. 셋째 나쁜 마음(貪·瞋·痴)을 끊기 위해서 이 밥을 받는다. 넷째 영양 보충을 위하여, 다섯째 도업(道業；菩提)을 이루기 위하여 이 음식을 먹는다" 생각하는 것이다.

그러므로 반야심경에

| 如來應量器 | 여래의 |
| 여 래 응 량 기 | 밥그릇을 |

| 我今得敷展 | 내가 이제 얻어 받아 |
| 아 금 득 부 전 | 펴고 있으니 |

| 願共一切衆 | 원컨대 |
| 원 공 일 체 중 | 일체중생께서는 |

| 登三輪共寂 | 똑같이 3륜이 |
| 등 삼 륜 공 적 | 공해지게 하옵소서. |

수레는 만물을 실어 나르는 도구이다. 이쪽에서 저쪽으로 옮길 때 그 둥근살이 이지러지지 아니하므로 굴곡이 심한 길도 굴러가서 지체함이 없는 것이다.

(19) 예불하는 법(禮佛法)

예불은 게으름 없이 대중이 행하는 절차를 알아 실천해야 한다.

① 게으름 없이 부지런히 하라(勤嘖行懈)

【원문】 赴焚修 須早暮勤行 自責懈怠
　　　　부 분 수　수 조 모 근 행　자 책 해 태

【역문】 분수에 나아가되 아침저녁으로 부지런히 행하여 스스로 게으름을 꾸짖으라.

"분수"는 향 사르고 마음을 닦는 곳이니 곧 불보살의 화상을 모시고 예배 공양하는 곳이다. 절에서는 매일 아침저녁으로 예불을 봉행한다. 촛불을 켜고 향을 사르고 또 다기를 올리고 모든 승도들이 한 자리(법당 또는 큰방)에 모여 예불을 봉행한다. 불보살의 존안을 우러러 바라보면서 운곡을 맞춰 명호를 찬패(讚唄 ; 찬탄하여 노래하는 것)하고, 또 맨 마지막에는 축원문(혹 발원문)을 낭독한다. 이때의 신호는 목탁·요령·정쇠·죽비 등을 사용하게 되는데 모든 대중이 그 신호를 따라 창패(唱唄)하고 예배하며 송경(誦經)한다. 그러므로 "대중이 행하는 절차를 알아 잡란하지 말라" 하고, "운곡을 고르게 아니치 말라"한 것이다.

사미율의에서는 예배할 때 "불전(佛殿) 어간에서는 예배하지 못한다. 다른 사람이 예배할 때 그 머리맡으로 지나가지 말고, 합장할 때는 열 손가락이 꼭 맞게 하고 손가락 가운데가 비지 않게 하라. 또 때 아닌 때 예배한다고 수선을 피워도 안되고 스님이 다른 이와 절 할 때 함께 해서는 안된다. 스님 앞에서는 도반들끼리 절하지 못하며 절 받지도 못한다. 또 손에 경전이나 불상을 받들었으면 누구에게도 예배하지 않는다. 예배할 땐 정성을 다하여 하되 7종의 예배법을 관하라."

7종의 예배법이란, "첫째 아만례(我慢禮)니 몸으로는 절해도 마음에는 아만이 있는 것이고, 둘째는 구명례(求名禮)니 명리를 구하기 위하여 위의를 갖추고 예배하는 것이며, 셋째는 신심례(身心禮)니 몸과 마음이 한 덩어리가 되어 예배하는 것이다. 넷째 지정례(智淨禮)니 지혜가 불경(佛境)에 통하여 청정하게 예배하는 것이고, 다섯째는 편입법계례(遍入法界禮)니 자심(自心)과 제불(諸佛), 법계가 한 덩어리가 되어 예배하는 것이다. 이런 때의 예배는 일불예배(一佛禮拜)가 제불예배(諸佛禮拜)가 된다. 여섯째는 정관수성례(正觀修誠禮)니 일체 중생의 불성을 인(認)하고 제불께 예배하는 것이 곧 자성불(自性佛)에 예배하는 것으로 생각하는 것이고, 일곱째는 실상평등례(實相平等禮)니 자기와 제불이 다 공하다는 이치를 깨달아 행하는 예배니 곧 무상개공례(無相皆空禮)가 그것이다."

② 대중이 행하는 절차(大衆節次)

【원문】 知衆行次 不得雜亂
　　　　 지 중 행 차 부 득 잡 란
【역문】 대중이 행하는 절차를 알아 어지럽게 섞이지 말라.

　절에서는 아침과 저녁에 예불하고 낮에는 마지(摩旨)를 올린다. 대중의 행하는 절차는 부처님께서 아침에는 차만 한 잔 드시고, 저녁에는 음식을 드시지 아니했으므로 아침예불 때는 다(茶)를 올리고 다게(茶偈)를 하고, 저녁예불 때는 향만 피우고 오분향례(五分香禮)를 한다.
　예불에도 종파에 따라 향수해(香水海), 사성례(四聖禮), 대·소예참(大·小禮懺) 등 다양한 예불문이 있으나 여기서는 1950년대 새로 조직된 7정례를 소개하겠다.

茶偈
다게

我今淸淨水 　　變爲甘露茶
아금청정수　　　변위감로다

奉獻三寶前 　　願垂哀納受
봉헌삼보전　　　원수애납수

至心歸命禮 三界導師 四生慈父 是我本師 釋迦牟尼佛
지심귀명례 삼계도사 사생자부 시아본사 석가모니불

至心歸命禮 十方三世 帝網刹海 常住一切 佛陀耶衆
지심귀명례 시방삼세 제망찰해 상주일체 불타야중

至心歸命禮 十方三世 帝網刹海 常住一切 達磨耶衆
지심귀명례 시방삼세 제망찰해 상주일체 달마야중

至心歸命禮 大智文殊菩薩 大行普賢菩薩 大悲觀世音菩薩
지심귀명례 대지문수보살 대행보현보살 대비관세음보살

大願本尊地藏菩薩摩訶薩
대원본존지장보살마하살

至心歸命禮 靈山當時 受佛咐囑 十大弟子 十六聖衆 五百
지심귀명례 영산당시 수불부촉 십대제자 십육성중 오백

聖衆 獨修聖 乃至 千二百諸大阿羅漢 無量聖衆
성중 독수성 내지 천이백제대아라한 무량성중

至心歸命禮 十方三世 帝網刹海 常住一切 僧伽耶衆
지심귀명례 시방삼세 제망찰해 상주일체 승가야중

唯願 無盡三寶 大慈大悲 受我頂禮 冥勳加被力
유원 무진삼보 대자대비 수아정례 명훈가피력

願共法界諸衆生 自他一時成佛道
원공법계제중생 자타일시성불도

저녁에는 다게 대신 5분향게를 외운다.

五分香偈
오분향게

戒香 定香 慧香 解脫香 解脫知見香 光明雲臺周遍法界
계향 정향 혜향 해탈향 해탈지견향 광명운대주변법계

光明雲臺周遍法界
광명운대주변법계

供養十方無量 佛 法 僧
공양시방무량 불 법 승

獻香眞言
헌향진언

옴 바아라 도비야 훔 (3)

다게는
내 이제 맑은 물을 감로다로 변하여서
삼보님께 올리오니 거두어 주옵소서

이고 7정례는
① 교주 석가모니부처님께 한 자리
② 시방삼세 부처님께 한 자리
그래서 불보(佛寶)께 두 자리
③ 시방삼세 법보님께 한 자리
그리고 시방삼세 승보님께 넉 자리를 하는데
첫째는 문수, 보현, 관음, 지장 등 보살들께 한 자리
둘째는 영산당시 부처님께 부촉받은 10대 제자와 16성, 500성, 독수성 내지 1200 대중께 한 자리
셋째는 인도, 중국, 한국, 세계 역대전등제대조사와 천하종사들께 한 자리

넷째는 시방삼세 항상 계신 승보님께 한 자리가 그것이다.

그래서 모두 일곱 자리를 하고 끝으로 "오직 원컨대 삼보님께서는 저희들의 예배를 받으시고 가피력을 내리시어 법계의 모든 중생들이 다같이 불도를 이루게 하옵소서" 하고 회향게를 한다.

"분수"는 향 사르고 마음을 닦는 법당 또는 불전이다.

③ 찬패축원(讚唄祝願)

【원문】 讚唄祝願 須誦文觀義
　　　　 찬 패 축 원　수 송 문 관 의

【역문】 범패로써 찬탄 축원할 때는 글을 외우고 뜻을 관하라.

"범패"는 인도 노래이고 "찬탄"은 부처님을 찬탄하는 것이며, "축원"은 상대방이 잘 되도록 빌어주는 것이다.

축원문은 여러 가지가 있으나 당시 조계산 송광사에서 외우던 축원문을 외워보면 다음과 같다.

朝夕香燈獻佛前　　歸衣三寶禮金仙
조 석 향 불 헌 불 전　　귀 의 삼 보 예 금 선

雨順風調民安樂　　天下泰平法輪轉
우 순 풍 조 민 안 락　　천 하 태 평 법 륜 전

願此所住大伽藍　　大小施主成事德
원 차 소 주 대 가 람　　대 소 시 주 성 사 덕

十方檀越越三界　　合院大衆慧眼明
시 방 단 월 월 삼 계　　함 원 대 중 혜 안 명

先亡父母往極樂　　現存師親壽如海
선 망 부 모 왕 극 락　　현 존 사 친 수 여 해

法界含靈登彼岸　　世世上行普賢道
법 계 함 령 등 피 안　　세 세 상 행 보 현 도

究竟得成無上覺　　摩訶般若波羅蜜
구 경 득 성 무 상 각　　마 하 반 야 바 라 밀

南無釋迦牟尼佛
나 무 석 가 모 니 불　(3)

ㄱ. 음성만 따르지 말라(不觀音聲)

【원문】　不得但隨音聲
　　　　 부 득 단 수 음 성

【역문】　단지 음성만 따르지 말라.

아침 저녁으로 향과 등불 부처님 전에 바치고
3보 (금선)님께 귀의합니다.
비바람은 고루 내려 백성들을 안락하고
천하는 태평하여 법륜이 항상 구르게 하옵소서.
원컨대 저희들이 살고 있는 대가람에는
크고 작은 시주들이 여러 가지 덕있는 일들을 이루어
시방의 단월들이 3계를 뛰어넘고
합원 대중들이 지혜의 눈을 밝히게 하옵소서.
먼저 돌아가신 부모님들께서는 극락세계 가 태어나고
현재 살아 계신 스승님들과 부모님들께서는 바다와 같이 수를 누려
법계의 모든 함령들이 피안에 이르고
세세에 항상 보현보살의 도를 행하여
마침내 무상각을 이루게 하옵소서.
마하반야바라밀.
나무 석가모니불 (3)

이렇게 그 윤회원 뜻을 관하라는 것이다.
"금선"은 부처님이다. 황금 찬란한 신선
"법륜"은 진리의 수레바퀴, 곧 불법이다.
"대가람"은 공원인데 곧 큰 절이다. 인도에서의 절은 큰 공원을 중심으로 이

루어져 있기 때문이다.

"단월"은 시주이고 "함령"은 영을 머금은 생명을 말하니 곧 중생이다.
"피안"은 저 언덕, 생사의 바다를 건넌 열반의 세계,
"보현보살"은 위대한 행을 몸소 실천한 모든 보살 가운데서도 뛰어난 보살이다.
"마하반야바라밀"의 "마하"는 "위대하다" "크다" "훌륭하다"의 뜻이고,
"반야"는 지혜이며 "바라밀"은 저 언덕에 이르러 간다는 뜻이니
"위대한 지혜로 생사의 바다를 건너 열반의 저 언덕에 이르러 간다"는 말이다.

ㄴ. 곡조를 관하게 하라(曲調均等)

【원문】 不得韻曲不調
　　　　부 득 운 곡 부 조

【역문】 운곡을 고르게 하지 아니치 말며

"운"은 글자의 소리, 상성(上聲)·평성(平聲)·거성(去聲)·입성(入聲)을 말하고, "곡"은 곡조, 음악의 가락, 주음(主音)의 위치를 따라 일정하게 정해진 음율, 도·레·미·파·솔·라·시·도, 궁·상·각·치·우와 같은 것, 범패에서는 12성이 있다고 한다.

ㄷ. 존안을 우러러 보라(瞻敬尊顔)

【원문】 瞻敬尊顔
　　　　첨 경 존 안

【역문】 존안을 우러러 보라.

부처님을 단위에 올려 모시고 우러러 바라보며 존경하기 때문에 "존안"이라 한다.
"우러러"란 높이 하늘을 쳐다보듯, 사랑하는 사람을 한 점 부끄러움 없이 바라보듯 사모하며 앙모하는 것이다.

ㄹ. 다른 생각 하지 말라(不攀異境)

【원문】 不得攀緣異境
　　　 부 득 반 연 이 경
【역문】 다른 경계에 반연하지 말라.

"반연"은 사람이 나뭇가지를 휘어잡고 올라가듯이 연줄을 대어 의지하고 출세 길 꾀하는 것이다. 그러므로 "다른 경계"란 의지하고 기대려 하는 곳을 연관짓는 것이다. 불교는 독립자존 하여 모든 것의 의지처가 될지언정 의지하여 매달리는 종교가 아니기 때문이다.

다음은 참회법이다.

(20) 참회법(懺悔法)

"참회"란 범어 "참마(懺磨)"인데 중국사람들이 "회개(悔改)"라 번역하였다. 그런데 뒷사람들이 앞의 "참마" 가운데 "참"자만 따고 뒤의 "회개" 가운데 "회"자만 따서 "참회"라 발음하게 되었는데 이러한 것을 범어와 중국말을 한꺼번에 소리낸다 하여 "범화쌍창(梵華雙唱)"이라 하였다.

① 죄장이 산과 바다와 같은 줄 알라(罪障山海)

【원문】 須知自身罪障 猶如山海
　　　 수 지 자 신 죄 장 유 여 산 해
【역문】 자신의 죄장이 마치 산과 바다와 같은 줄 알라.

"죄"는 도덕이나 법률에 어긋나는 행위, 벌을 받을 수 있는 빌미, 좋지 않는 결과에 대한 원인이다. 항상 이것이 자기 행위에 있어서 장애를 형성하므로 "죄장"이라 부른다. 그런데 이 세상의 죄장이 하루아침에 이루어진 것이 아니라 물방울이 모여 바다를 형성하듯, 티끌들이 모여 산을 형성하듯, 오랜 세월 쌓이고 쌓인 죄업이 장애를 형성하기 때문에 "산과 바다와 같은 줄 알라"한 것이다.

그런데 그 죄를 참회하는데는 이치적으로 참회하는 이참이 있고, 사실적으로 참회하는 사참이 있다.

② 이참사참(理懺事懺)

【원문】 須知理懺事懺 可以消除
　　　　수 지 이 참 사 참　가 이 소 제
【역문】 모름지기 이치적으로 참회하고 사실적으로 참회하여 녹여 없애야 한다.

"이치적인 참회"는 마음속으로 이치를 깨닫는 것이고, "사실적인 참회"는 말과 뜻에 그 흔적을 남겨 자타가 함께 공인(共認)하는 것이다.
천수경에서는

罪無自性從心起　　　　죄는 자성이 없다.
죄 무 자 성 종 심 기　　　마음을 따라 일어난다.

心若滅時罪亦亡　　　　그러므로 만약 마음만 없어지면
심 약 멸 시 죄 역 망　　　죄도 따라서 없어진다.

罪亡心滅兩俱空　　　　죄와 마음이
죄 망 심 멸 양 구 공　　　다 없어지면

是卽名爲眞懺悔　　　　이것이
시 즉 명 위 진 참 회　　　진짜 참회다.

하였는데 이것이 이참이고

我昔所造諸惡業　　　　저희들이 옛날 옛적부터
아 석 소 조 제 악 업　　　지은 악업을

皆由無始貪瞋癡　　　　모두가 탐·진·치로부터
개 유 무 시 탐 진 치　　　비롯하여

從身口意之所生	몸과 입과 뜻을 따라
종 신 구 의 지 소 생	지었으므로
一切我今皆懺悔	내가 이제
일 체 아 금 개 참 회	모두 참회한다.

한 것은 사참이다.

　그러면 이렇게 이치적으로 참회하고 사실적으로 참회한다고 하여 과연 죄가 참회될 수 있는가. 있다. 불법은 불과 같고 물과 같아 아무리 캄캄한 방이라도 촛불 하나면 밝히듯이 아무리 찌든 옷이라도 물을 가지고 씻어버리면 깨끗이 되듯이 불법의 물과 불을 가지면 태우지 못하는 죄가 없고 씻어지지 않는 업이 없다.

　그러므로 경에

百劫積集罪	백겁 천겁
백 겁 적 집 죄	쌓은 죄업이
一念頓蕩除	한 생각에
일 념 돈 탕 제	당장 녹아 없어지니
如火焚枯草	마른풀을
여 화 분 고 초	태우듯이
滅盡無有餘	모두 다 없어져서
멸 진 무 유 여	남아 있지 않다.

한 것이다. 몸으로 지은 살생 죄, 도둑질 죄, 사음, 간음 죄, 입으로 지은 거짓말 죄, 이간질 죄, 꾸미는 말 죄, 악담설욕 죄, 뜻으로 지은 탐욕, 성냄, 어리석음의 모든 죄를 남김없이 녹여 없애는 것이다.

　혹 어떤 사람이 말하기를 "나는 죄가 없다." "나는 죄를 짓지 않았다" 하나 은혜속에 사는 인생이 죄 없는 자 뉘 있으며, 죄 짓지 않는 자 어디 있을 것인가. 입을 벌리고 혀를 놀림에 시비 아님이 없고, 몸을 놀리고 뜻을 동함에 분별 아님이 없으니 원인은 마음이 어리석어 나를 사랑하고 남을 미워하는 까닭이다. 나고 멸함에 다생에 부모를 의지하지 아니함이 없고, 오르고 내리고 오르고 내림(六途往還)에 숙세의 인연을 가자(假籍)하지 아니함이 없다. 인(因)을 짓고 과보를 받는 것이 한량이 없거늘 누가 입을 열어 "죄가 없다"고 장담할 것인가. 자신의 죄장이 산과 바다와 같은 줄 알아 마땅히 참회하여 무거운 것은 가볍게 하고 가벼운 것은 멸해 없애도록 하여야 할 것이다.

죄가 구름과 같다면 복은 태양과 같고 참회는 바람과 같다. 바람으로 구름을 쓸어버리면 밝은 태양만이 높은 하늘에 빛나게 된다. 아무리 때묻은 옷이라 해도 세탁기에 들어가면 깨끗해지지 않는 것이 없고, 아무리 헝클어진 수풀이라도 타오르는 불길 앞에서는 모두 재가 되어 버리듯 아무리 무서운 죄업이라도 참회의 불, 참회의 물 앞에서는 없어지지 않는 것이 없다. 그래서 스님은 "모름지기 이참 사참으로 가히 녹여 없애라" 하신 것이다.

사람이 가면 그림자가 나타나고, 소리를 지르면 메아리가 울려 퍼지는 것은 자연의 이치이다. 마찬가지로 절을 하고 절을 받는 것도 꼭 이와 같아서 깊이 감응이 헛되지 아니함이 그림자와 메아리가 서로 쫓는 것과 같은 것이다. 왜냐하면 다 그것은 "참 마음으로 조차 반연하여 일어나는 것"이기 때문이다.

"참 마음"이란 거짓이 없는 마음이다. 깊고 또 깊고 고요하고 또 고요하여 감히 그 모양을 볼 수 없는 것이며, 맑고 또 평화하여 어떠한 말로도 표현할 수 없는 것이다. 그러므로 옛 사람이 "인언견언(因言遣言)"이라 하였으니, "참 마음"이란 한 말로 모든 다른 말을 떠나보내기 때문이리라.

크다고 할까, 아니 어느 작은 구석진 곳에라도 들어가지 아니함이 없고,
작다고 할까, 아니 어느 큰 것이라도 감싸지 않음이 없다.
있다고 할까, 아니 그 한결같은 모습이 텅비어 있고,
없다고 할까, 아니 모든 만물이 다 이로부터 나온다.

무어라 이름할 수 없으니 "참 마음"이라 한 것이다. 태허공과 같이 평등하고 큰 바다와 같이 공평하여 동정염정(動靜染淨)이 모두 하나가 되고, 진속승강(眞俗昇降)의 차별이 없으므로 그 속에 감응의 길이 열리며 영향이 상종하게 되는 것이다. 누가 이 도리를 말하며, 누가 이 소식을 생각으로 헤아릴 수 있을 것인

가. 관념과 형상이 뛰어나 귀거래(歸去來)가 없는 이 지극한 도리 아닌 도리를 오직 보는 자만이 가만히 고개를 끄덕이고 그의 그림자와 소리를 타고 거침없이 왕래할 것이다.

그러므로 절은 참 마음에서 우러나 하는 식으로 하라 하였다.

③ 절은 참 마음으로(禮拜眞性)

【원문】 深觀能禮所禮 皆從眞性緣起
　　　　심 관 능 례 소 례 　개 종 진 성 연 기
【역문】 깊이 절을 하고 절을 받는 것이 다 참마음으로 조차 일어난 것으로 관하라.

"능예"는 절을 하는 사람이고 "소예"는 절을 받는 사람이다. 몸으로 절을 하고 절을 받으나 사실은 마음으로 절을 하고 절을 받기 때문에 모두가 참 성품으로 조차 일어난 것으로 관하라 한 것이다. 왜냐하면 그 깊은 감응이 마치 그림자와 메아리가 따르듯 하기 때문이다.

④ 영향상종(影響相從)

【원문】 深信感應 不虛 影響相從
　　　　심 신 감 응 　불 허 　영 향 상 종
【역문】 깊이 감응이 헛되지 아니하여 그림자가 실물을 따르듯, 메아리가 소리를 따르듯 서로 쫓고 있기 때문이다.

"감응"이란 전기의 ＋－가 서로 통하듯 무엇인가에 접했을 때 거기 반응이 일어나는 것을 말한다. 도체(導體)나 대전체(帶電體)가 자석에 접근하면 전기나 자기가 나타나는 것처럼 부처님이나 신의 유도(誘導)를 입어 그의 말과 행동과 생각이 그와 일치하게 되는 경향을 말한다. 마치 이것은 그림자와 메아리가 서로 따르는 것 같다.

그런데 요즈음 사람들은 약아빠져서 죄를 짓고도 참회할 줄 모르고, 선을 보고도 따르지 않으며, 스스로 말하기를 "음주식육(飮酒食肉)이 무방반야(無妨般

若)요, 행도행음(行道行婬)이 불해보리(不害菩提)라" 하여 계율인과를 중히 알지 아니하고 스스로 무애행(無碍行)을 지어 불문(佛門)을 더럽히는 자 없지 않는데다 이는 자성의 분별없는 이치만 알고 분별있는 줄은 알지 못한 까닭이다.

또 어떤 사람은 관세음보살을 염창하고 백팔참회를 행하면서 하루에 절을 천 번을 했느니 만 번을 했느니 하면서도 아무리 절을 해도 감응이 전혀 나타나지 않는다 하여 도리어 참회불사를 비방하는 자 없지 않는데 이도 또한 자성의 분별 있는 줄만 알았지 분별 없는 줄은 알지 못한 사람이다.

신라 때 자장(慈藏)율사는 중국 오대산 문수원에서 기도하고 문수의 진신으로부터 부처님 사리를 받아 가지고 왔으나 말년에 복수용을 하다가 강원도 정선 석남원(石南院)에 이르러서는 찾아온 문수도 알아보지 못하고 후회 막심하였다 하며, 또 신라 때 진자(眞慈)스님은 미륵선화를 만나기 위하여 천일기도를 하였는데 감응이 헛되지 않아 "백제 땅에 가면 그를 만나리라" 하여 백제까지 찾아갔으나 마음에 분별이 지중하여 선화를 보고도 알아보지 못하다가 다시 본국에 돌아와 영묘사 동북 길가 나무 밑에서 비로소 진신을 재발견하고 그를 모셔 화랑의 두수를 삼으니 이것이 신라 화랑의 고질이라 한다.

보라, 진성의 연기가 이러하고 영향의 상종이 이러하거늘 누가 죄 없음을 호언장담하고 감응의 허를 논할 것이냐. 스스로 분별없는 가운데 분별 있음을 믿고 분별이 곧 무분별로부터 흘러 나왔음을 보고 어기지 말아 마음에 삿된 견해를 두지 말라.

이상으로써 사미승행규를 모두 마쳤으니 다음부터서는 중요승청규를 설명하겠다.

2. 중요승청규(衆寮僧淸規)

"중요소"란 대중스님들이 사는 곳이다. "대중"이란 도를 닦기 위해 모여진 단체, 곧 스님들을 말한다. 모습도 다르고 지역 출신도 다르고 성받이도 다르나

일단 대중처소에 이르면 강물이 바다에 이르듯 한 모습 한 맛이 된다.

(1) 서로 서로 보호하라(相互扶護)

【원문】 居家寮 須相讓不爭 須互相扶護
　　　　거 상 료　수 상 양 부 쟁　수 상 호 부 호

【역문】 대중처소에 살게 되면 모름지기 서로 사양하며 다투지 말고 서로서로 붙들어 보호하라.

"중(衆)"이란 범어 Saṃgha의 역어로서 두 사람 이상이 모여진 수양단체, 즉 승단을 말한다. 따라서 "중료"는 그들 승가대중이 거처하는 집이다. 지금도 송광사에는 이들 중승들이 사용하던 중료소가 있으니 법성료(法性寮)·임경당(臨鏡堂)·해청당(海淸堂)·문수전(文殊殿) 등이 그것이다.

그런데 이와 같이 많은 중들이 한 집에 모여 살게 되면 자연 말이 많고 알력이 있기 마련이다. 그래서 부처님은 초발심행자가 유화 선순하는 법을 육화경행(六和敬行)으로 설명하였던 것이다. 불법은 세상 법과는 다소 다르다. 세상의 모든 법은 나, 내것을 중심으로 형성되어 있지만 불법은 그것의 당체를 밝히고 그 중의 중도를 행하기 때문이다. 불법은 인연이다. 모든 것이 고립 독존할 수 없음을 설한다. 나 혼자만이 살아갈 수 없는 것이 이 세상이라면 저도 살고 나도 살 수 있는 길을 찾아야 한다. 이것이 중도다. 말하자면 약육강식이기에 살신성명(殺身成命)하는 것이고, 생존경쟁이기 때문에 상호부조 해야 한다는 말이다.

다음은 쟁론승부에 대해 나온다.

(2) 쟁론승부(諍論勝負)

【원문】 愼諍論勝負
　　　　 신 쟁 론 승 부
【역문】 승부를 다투어 가리지 말라.

"쟁론"은 서로 다투어 토론하는 것이고, "승부"는 이기고 지는 것이다.
다음은 한가한 말 하는 것을 경계하였다.

(3) 한화주의(閒話注意)

【원문】 愼聚頭閒話
　　　　 신 취 두 한 화
【역문】 머리를 모아 한가한 말하지 말라.

"한가한 말"이란 쓸데없이 떠돌아다니는 말, 하나 마나한 말을 가지고 허송세월하는 것을 경계한 것이다.
다음은 신발 신는 것을 가르친 것이다.

(4) 신을 잘 신으라

【원문】 愼誤着他鞋
　　　　 신 오 착 타 혜
【역문】 남의 신을 잘못 신지 말라.

축생들과 사람과의 차이는 신을 신는데도 있다. 그런데 그 신을 신고 벗을 때 남의 신을 잘못 신는 경우가 있는데, 한 사람이 잘못 하면 만 사람의 신이 다 바뀌게 된다.

일본 사람들은 지진 때문에 급히 피난하느라 그런 점도 있지만 들어갈 때는 신을 벗어서 반드시 나올 때 편리할 정도로 신을 돌려놓고, 또 신장이 있을 때는 자기 신을 넣어 놓고 명심하여 남의 신을 잘못 갔다 신지 않도록 해야 한다.
다음은 앉고 눕는 자리를 경계한 것이다.

(5) 차서를 넘지 말라(警誡次序)

【원문】 愼坐臥越次
　　　　신 좌 와 월 차
【역문】 앉고 눕는 자리를 넘지 말라.

생활은 곧 순서다. 상하, 좌우, 전후 등 사유사방을 사피면서 저와 나 사이의 관계를 유지해 나가는 것이다. 그래서 "남의 신을 신지 말고, 앉고 눕는 차서를 넘지 말라"한 것이다. 남의 신을 신고 차서를 넘고 보면 곧 잡란하게 되고, 잡란하면 시비가 생기고, 시비가 생기면 자연 승부를 가리게 된다.

그래서 사미율의에서는 행자가 대중 가운데 처하는 법을 자그만치 서른 두 가지나 들고 있다.

"앉는 자리를 다투지 말라. 자리에 앉아 사람을 불러 말하며 웃으면 못쓴다. 대중 가운데 잘못 하는 이가 있으면 타이르고 나쁜 일은 숨겨주고 잘 한 일은 칭찬한다. 제자랑 하여 공치사 하면 못쓴다. 어디서나 남 보다 먼저 자지 말고 늦게 일어나지 말라. 세숫물은 너무 많이 쓰면 못쓴다. 양치질 할 땐 머리를 숙이고 하라. 물이 다른 사람에게 뿌려지면 못쓴다. 큰 소리로 코풀고 가래침 뱉지 말라. 불전(佛殿)과 탑 방이나 깨끗한 땅, 물에 코 풀거나 침 뱉지 말고 으슥한 곳에 뱉으라. 차를 마시면서 한 손으로 인사하면 못쓴다. 탑 화상(和尙) 아사리를 향하여 치목하지 말라. 종소리를 들으면 종송(鐘頌;聞鐘聲 煩惱斷 智慧長 菩提生 離地獄 出三界 願成佛 度衆生)을 외운다. 너무 웃지 말고 크게 웃지 말며, 하품할 때는 소매로 입을 가린다. 급히 걸으면 못쓰고 불전(佛前)에 켜는 등을 사사로 쓰면 안된다. 등불을 켤 때에는 불을 가리어서 나비나 벌레가 날아들지 않게 하고 부처님께 바치는 꽃은 잘 된 것으로 택하되 먼저 냄새

맡지 말고, 시들은 것은 들어내고 새 것을 공양하라. 쓰레기는 아무데나 버려 밟게 하면 못쓴다. 부르는 소리를 듣고 대답하지 아니하면 못쓴다. 물건을 주었을 때는 관중자(管衆者)에게 고하라. 나이어린 사미와 동행하지 말고 가사를 간략하게 하면 못쓴다. 옷을 많이 만들면 못쓰고 남는 것은 남을 주라. 사치스럽고 호사스런 띠나, 총채, 장식품 등을 만들어 몸을 단장하여 아는 이들의 웃음거리가 되면 못쓴다. 물색 옷이나 속복을 입으면 못쓰고, 화장품을 갖지 못한다. 깨끗지 못한 손으로 가사를 수하면 못쓰고, 부처님 앞에 나아갈 땐 복장을 단정히 하고 대님을 쳐야 한다. 부질없이 다니면 못쓰고, 말을 많이 하면 못쓴다. 대중이 운력하는 것을 보고도 못본 척하거나 꾀부려 혼자만 편하려 하면 못쓰고 상주물(常住物 ; 나무·화초·과실·채소·음식 기타 그릇 등을 자기 소유로 만들면 못쓴다. 정부나 관청에서 하는 일을 잘 한다 못 한다 하거나 속인들의 옳고 그른 것을 말하면 못쓴다. 적은 일을 다투거나 고집하면 못쓰고 그냥 둘 수 없는 큰 일이면 좋은 마음과 평화한 기분으로 사리대로 말할 것이며, 그래도 듣지 않으면 묵빈이대(黙賓而對)하라. 불을 켜고 잘 때는 방안 사람들의 동의를 얻고, 잘 때에는 큰 소리로 글 읽지 못한다. 하물며 농담하고 이야기 할 수 있겠는가."

다음은 손님을 대하여 말하는 법이다.

(6) 손님을 대하여 말하는 법(言談法)

① 불사만 찬탄하라(讚嘆佛事)

【원문】 對客言談 不得揚於家醜 但讚院門佛事
　　　　 대 객 언 담 부 득 양 어 가 추 단 찬 원 문 불 사

【역문】 손님을 대하여 말할 때에는 집안의 좋지 못한 일(家醜)을 들추지 말고, 단지 집안의 불사만 칭찬하라.

"좋지 못한 일"이란 시비·쟁론·파계·타악(墮惡) 등의 일을 말하고, "절 안의 불사"란 교화·개안(開眼)·상당(上堂)·입실(入室)·안좌(安座)·염향(拈香)

·조상(造像)·간경(刊經) 등 구도 전법에 관한 여러 가지 일을 말한다.

말은 말을 많이 만드는 종자다. 나쁜 말은 나쁜 씨를 맺게 하고 좋은 말은 좋은 씨를 낳게 한다. 그러나 분별 시비는 불법엔 당치 않다. 실상(實相)은 이언(離言)이요 진리는 비동(非動)이기 때문이다. 몸에 구설을 싫어하거든 남을 칭찬하지도 말고 나를 헐지도 말라.

② 의혹심을 내지 않게 하라(不生疑惑)

【원문】 不得詣庫房 見聞雜事 自生疑惑
부 득 예 고 방 견 문 잡 사 자 생 의 혹

【역문】 고방에 나아가 잡된 일을 보고 듣고 스스로 의혹을 내지 않게 하라.

"고방"은 살림방이다. 창고와 같이 여러 가지 도구를 저장해 놓고 쓰는 방이므로 시비거리가 많은 곳이다. 그러므로 그런 곳에 나아가 "잡된 일을 보고 듣고 스스로 의혹을 내지 말라"한 것이다.

옛날 어떤 사람이 절에 와서 뱃병(관격)이 났다. 그래서 비상약으로 저장해둔 소화제 새우젓을 고방에 데리고 가 먹였는데 거기에는 여러 가지 비상약이 많았다. 그래서 집에 돌아온 뒤 "나는 절에 가서 새우젓을 얻어먹고 체했던 것이 나았다"고 했는데, 그때부터 "절에 가서 새우젓 얻어먹는다"는 말이 나오게 된 것이다.

옛날에는 약품이 귀하기 때문에 자연식품으로써 소화제를 만들어 썼는데 이렇게 잘못 오해도 하고 의혹을 일으킬 수 있으므로 안보여도 될만한 것이 있으면 보이지 말라고 한 것이다.

다음은 유행을 경계한 글이다.

(7) 유행법(遊行法)

앞서 문 밖 출입은 절의 경내외를 중심으로 설명한 것이고, 이곳의 주·현은 시중·읍면 등을 말한다.

① 주현에 놀러나가지 말라(不遊州縣)

【원문】 非要事 不得遊州獵縣
비 요 사 부 득 유 주 엽 현

【역문】 긴요한 일이 아니면 주현(州縣)에 놀러 나가지 말라.

"주현"은 지방행정구역이니 곧 속가가 있는 마을, 즉 시·군·읍 등을 말한다. 관청이 있는 곳은 문무양반들이 모여 사교하는 장소이고, 망난이들이 패거리를 짜 노는 장소이기 때문이다.

② 속인과 사교하지 말라(不俗交通)

【원문】 與俗交通 令他憎嫉 失自道情
여 속 교 통 영 타 증 질 실 자 도 정

【역문】 속인들과 함께 사귀어 다른 사람들로 하여금 미움의 대상이 되고 스스로 도닦아 가는 마음을 잃지 않게 하라.

어떤 사람은 못난 주제에 잘난 관속이나 돈 있는 시주를 사귀면 곧 자기가 그렇게 되거나 한 것처럼 착각하여 난 척하고 거만을 부리다가 대중의 미움을 받고 질투의 대상이 되기 마련이다. 사람이 세상에 나고 죽는 것은 마치 아침 이슬, 저녁 연기와 같다. 잠시 있다가 곧 없어지는 것이 전광석화에 비겨도 속하지 못하다. 불법을 믿고 불법을 행하는 데는 복을 짓고 덕을 쌓는 데도 목적이 있지만, 그 보다도 근본 문제는 생사대사를 해결하는데 있는 것이다. 내 일을 해결하지 못한 사람이 남의 일을 살핀다는 것은 마치 날개 부러진 새가 거북이를 등에 업고 하늘에 오르려 하는 것과 같다.

그러므로 동산 연(東山 演)선사가 "이 일을 분명히 판단하지 못하면 후일에 염라대왕이 밥값을 추심할 것이다" 하고, 야운(野雲)스님은 "달이 커졌다 작아졌다 하는 것은 늙은 사람들의 명줄을 재촉하는 것이고, 해가 떴다 졌다 하는 것은 세월아 어서 가라 재촉하는 것이다. 명예를 구하고 이익을 구하는 것은 아침 이슬과 같고, 혹 괴롭고 혹 즐거운 것은 저녁 연기와 같다. 그러므로 너에게 은근히 도 닦기를 권하노니 만일 오늘 나의 이 말을 듣지 않으면 뒷날 당연히 한이 만단이나 될 것이다" 하였다.

다음은 출행법이다.

(8) 출행법(出行法)

【원문】 儻有要事出行 告住持人 及管衆者 令知去處
　　　　당 유 요 사 출 행　고 주 지 인　급 관 중 자　영 지 거 처

【역문】 어쩌다가 중요한 일이 있어 출행하게 되면 주지스님과 및 대중관리자에게 고하여 그 가는 곳을 알게 하여야 한다.

이것은 절에서만 그런 것이 아니고 언제 어느 곳에 있어서든지 일반사람들도 꼭 해야 할 일이다.

"주지"는 절의 모든 주권을 관장하고 있는 스님이고, "관중자"는 대중을 관리하는 스님이니 기숙사의 사감과 같다. 대개 선방에서는 입승스님이 이 일을 관장하고, 일반 처소에서는 도감(都監)·찰중(察衆)이 관장하나 개인적으로는 은사나 법사스님이 맡고 있다. 그러니 출행할 때에는 주지스님이나 입승스님 혹은 자기 은사스님에게 거처를 알리고 가라는 말이다. 가게 되면 반드시 바른 마음으로 다녀와야 하기 때문에 바른 생각을 굳게 가지라 한 것이다.

① 바른 생각을 굳게 가지라(堅志正念)

【원문】 若入俗家 切須堅持正念
　　　　약 입 속 가　절 수 견 지 정 념

【역문】 만약 속가에 들어가거든 간절히 굳게 바른 생각을 가지라.

"바른 생각"이란 나는 출가 수행자라는 생각, 부처님 제자로 도를 닦는 사람

이라는 생각, 그래서 인간 세상 사람들과는 다르다는 생각을 갖는 것이다. 하물며 색을 보고 소리를 듣고 삿된 마음으로 놀아나서야 되겠는가.

그러므로 삿되게 놀아나지 말라 한 것이다.

② 삿되게 놀아나지 말라(不蕩邪心)

【원문】 愼勿見色聞聲 流蕩邪心
　　　　신 물 견 색 문 성　유 탕 사 심
【역문】 색을 보고 소리를 듣고 삿된 마음으로 놀아나지 말라.

"색"은 이성이고 "소리"는 세속적인 말이며, "사심"은 바르지 못한 마음이다. 하물며 희롱하는 웃음을 짓고 비시식(非時食)을 하여서야 되겠는가.

③ 비시식(非時食)

【원문】 又況披襟戱笑 亂說雜事 非時酒食 妄作無碍之行 深乖佛戒
　　　　우 황 피 금 희 소　난 설 잡 사　비 시 주 식　망 작 무 애 지 행　심 괴 불 계
【역문】 하물며 옷깃을 헤치고 희롱하는 웃음을 짓고 잡된 일을 어지럽게 말하고, 때 아닌 때 술과 밥으로 망녕스리 무애의 행을 지어 깊이 부처님의 계를 어겨서야 되겠는가.

"술"이란 참으로 괴상한 물건이다. 옛 말에도 "잘 먹으면 약이요, 못 먹으면 병이다" 하였다. 유교에서도 "술은 미치는 약이고 색은 요기(妖氣)다" 하고, "색이 과하면 골수에 병이 배이고 술이 과하면 육친을 해친다" 하였다.

옛날 어떤 행자가 소작인의 집에 곡수(穀數)를 보러 갔다가 주인이 권하는 바람에 한 잔 두 잔 술을 마시다가 차차 취기가 돌자 집주인과 동행한 자들이 밖에 나간 틈을 타 그만 접대부를 범하고 마음이 조급해져 먼저 절로 돌아오려고 문밖에 나섰다가 다리가 휘청거리는 바람에 그만 쓰러져 주인집 병아리 한 마리를 깔아 죽이게 되었다. 주인마님이 이것을 보고 쫓아나오자 다급한 행자는 죽은 병아리를 얼른 집어 소매 자락 속에 감추고 "나는 보지 못했다" 하니

술 한 가지로 살·도·음·망(殺·盜·婬·妄)을 모두 범했다 하는 말이 있다. 한 번 계를 파하고 보면 설사 잘 한다고 해도 보는 사람에게는 신통치 않게 보이고 대수롭지 않게 여겨져 곧 잘 의심하고 혐의하기 마련이다. 그러므로 "어질고 착한 사람들의 혐의하는 사이에 끼이면 어떻게 지혜 있는 사람이라 할 것이냐" 한 것이다.

비구계에서는 중이 속가에 드는 시간을 중후이후(中後以後 ; 中은 저녁 해 떨어지면서 아침 해뜨기 전까지), 이 기간을 비시(非時)라(132) 하였고, 또 마을집에 있으면서 밥 먹는 법에 대하여 "친척 아닌 비구니가 주는 밥은 받지 말라(140), 여승이 치우친 생각으로 신도를 시켜 권한 밥은 받지 말라(141), 시주로 말미암아 망한 집, 즉 학가갈마(學家羯磨)의 집에서는 병이 없이 지나치게 공양하지 말라(142), 위험한 암자에서 병이 없이 오래 앉아 밥을 받지 말라(143)"하고, 이를 바라제제사니법(波羅提提舍尼法)이라 하여 범하면 한 사람 이상의 대중을 향하여 참회하게 되어 있다.

또 속가에 들 때는 "속옷을 단정히 입고(144), 3의를 단정히 하라(145), 옷을 걷어 부치고 속가에 들어가지 말고(146), 걷어 부치고 들어가 앉지 말라(147), 머리를 덮고 들어가지 말고(150), 머리를 덮고 들어가 앉지 말라(151), 뜀박질 하면서 들어가지 말고(152), 뜀박질 해 들어가 앉지 말라(153), 쭈그리고 앉지 말고(154), 뒷짐 지고 들어가지 말고(155), 뒷짐 지고 앉지 말라(156), 몸을 흔들며 들어가지 말고(157), 흔들며 앉지 말라(158), 팔을 흔들며 들어가지 말고(159), 팔을 흔들며 앉지 말라(160), 몸은 잘 가리우고 들어가(161), 잘 가리우고 앉으라(162), 좌우를 두리번거리면서 들어가지 말고(163), 두리번거리면서 앉지 말라(164), 조용히 들어가(165) 조용히 앉으라(166), 희롱하는 웃음을 지으면서 들어가지 말고(167) 희롱해 웃으면서 앉지 말라" 하였다.

또 사미율의에서는 행자가 촌중(村中)에 들어갈 때는 "꼭 가야할 일이 없으면 들어가지 말고 들어갈 때는 달려가면 못쓴다. 활개를 치고 좌우를 힐끗힐끗 보면서 가도 못쓰고, 사미나 어린애들과 웃고 이야기 하면서 걸어가면 못쓴다. 여자, 여승, 술 취한 사람, 미친 사람과 앞서거니 뒷서거니 하여 따라 다니면 못쓴다. 여인을 쳐다보고 곁눈질 하면 못쓴다. 남녀, 노소, 귀천을 막론하고 길가에서 사람을 만나면 조용히 비켜서서 인사하고 지나가기를 기다려 가라. 몸은 단정히 길만 보고 가되 구렁이나 물 패인 곳이 있으면 돌아가더라도 길로 가라. 만일 길이 없으면 뛰어 건너도 좋다. 환술(幻術)·연극·투쟁 등 이상한 짓을 하는 것을 구경하지 말고, 병이 나 급한 일이 아니면 소나 말을 타지 말라. 절에 돌아와서는 스님과 관중자에게 꼭 인사하고 시중에서 본 화려한 모습들을 자랑삼아 이야기 하지 말라. 혹 물건을 살 때는 값의 고하를 다투지 말고, 여인의 가게에는 되도록 들어가 앉지 말라. 또 남이 흥정해 놓은 것을 사려하지 말고 한 번 사기로 약속한 것을 사지 말지도 말라. 보증을 서거나 책임을 졌다가 잘못 되는 일이 없게 하라" 하였다.

그리고 여승방에 갈 적에는 "딴 자리가 있으면 앉고 없으면 앉지 말고 때아닌 설법을 하면 못쓴다. 다녀온 뒤에는 그들의 나쁜 일을 이야기 하면 못쓰고 편지 왕래 하거나 물건을 빌리거나, 빨래질 시키면 못쓴다. 머리를 깎아주면 못쓰고 으슥한 곳에서 함께 앉으면 못쓴다. 두 사람 이상이 아니면 승방에 가지 말고 선사품을 주고받으면 안된다. 여승을 시켜 시주 독경을 청구해도 안되고 스승들과 수양부모나 결의남매 도반 등을 맺으면 못쓴다."

또 남의 집에 가서도 "딴 자리가 있으면 앉고 섞어 앉으면 못쓴다. 법을 물으면 대답할지언정 때 아닌 때는 설법하지 말라. 너무 웃으면 못쓰고 좌우로 흘겨보면 못쓴다. 허튼말을 하지 말고 여자들과 말 할 때는 가만 가만 하거나 너무 수다를 떨면 못쓴다. 일부러 점잖을 빼고 공경을 구해도 못쓰고 너무 아는 척 해도 못쓴다. 남의 집 일을 아는 체 말고 술좌석엔 섞이지 못한다. 속인들과 수양부모나 의남매를 맺으면 못쓰고 스님네의 허물을 털어놓아도 못쓴다. 비록 법식(法食)은 아닐지라도 밥상이 오면 의식을 빼지 말라. 밤에 다니지 말고 빈 집에서 으슥한 곳에서 여인네와 함께 앉거나 이야기 하면 못쓴다. 부모님을 뵈올 때에는 먼저 예불(禮佛)하고 하며, 절 생활이 어려워 중노릇 할 수 없다든가 너무 외로워서 지내기 힘들다든가 괴롭다 하면 못쓰고, 불교신앙을 칭찬하고 복을 짓도록 하여야 한다. 일가 아이들과 오래 앉아 일가들의 좋고 나쁜 점을 주고 받으며 웃고 칭찬하고 헐면 안되고 날이 저물어 자게 되면 따로 혼자 자되 오래 앉아 일심으로 염불하고 볼 일이 끝나면 곧 돌아오고 오래 묶지 말라."

만일 걸식하는 경우가 있게 되면 "나이 든 사람과 같이 가되 동행자가 없으면 스스로 적당히 선택하여 위의를 상하지 않게 하고, 남자가 없는 집은 집안에 들어가지 말라. 앉으려거든 좌석을 살펴보고 병기(兵器), 보물, 여인의 옷, 화장품이 있으면 앉지 말라. 걸식할 때는 내게 음식을 대접하면 네가 복을 받는다 해도 안된다. 낯익은 시주, 암자에만 찾아가 걸식하면 안된다" 하였다.

만약 이러한 율법을 어기고 세속사람들과 사겨 놀아나면 어질고 착한 사람들이 걱정하는 사람이 되게 되므로 지혜롭게 행동하라 한 것이다.

④ 지혜롭게 행동하라(智慧人行)

【원문】 又處賢善人 嫌疑之間 豈爲有智慧人也
우 처 현 선 인 혐 의 지 간 기 위 유 지 혜 인 야

【역문】 또 어질고 착한 사람들의 혐의하는 사이에 끼이면 어떻게 지혜있는 사람이라 할 수 있겠느냐.

속인들 가운데서도 출가 수행자들 보다 더 철저한 계행자가 있고 지혜 있는 사람이 있는데 그것을 모르고 무지 방자한 행동으로 불계를 어기고 막행막식하면 "저게 무슨 수행자냐?" 혐의할 뿐만 아니라 "저런 사람이 어떻게 도를 닦는다고 할 수 있느냐" 하여 지혜인들이 걱정하는 사람이 되기 쉽다.

이상이 중요승청규다. 다음은 사당에서 주의할 점이 나온다.

3. 사당승청규(社堂僧淸規)

"사당(社堂)"은 원래 사노비(寺奴婢)를 가리키는 말로 사용되어 왔다. 사노(寺奴)는 절에 예속된 노예를 말한다. 남자 노예를 노(奴), 여자 노예를 비(婢)라 했는데, 언제부터 인진 모르나 이 노비를 사당이라고도 불러왔다. 그런데 삼국유사 3권 오대산 오만진신조(五萬眞身條)에 보면 화엄경을 전독(轉讀)하는 곳을

화엄사(華嚴社), 관음예문을 염송하는 곳을 원통사(圓通社), 금강경을 염송하는 곳을 금강사(金剛社), 열반경을 염송하는 곳을 백련사(白蓮社), 아미타불을 칭명하는 곳을 수정사(水淨社)라 하여 각각 그 업을 따라 이름을 달리 하고 있다. 정혜사(定慧社)는 보조국사가 정혜등지(定慧等持)를 권장하여 결사된 단체이므로 여기서의 사당은 선방이라 함이 무방할 것이다.

(1) 사미와 함께 하지 말라(愼沙彌)

【원문】 住社堂 愼沙彌同行
　　　　주 사 당 신 사 미 동 행

【역문】 사당에 주하게 되면 사미승과 동행하지 말라.

"사미"는 범어 śrámaṇera로서 불교교단원(比丘·比丘尼, 沙彌·沙彌尼, 式叉摩那, 優婆塞·優婆夷) 중의 하나이다. 근책율의(勤策律儀), 식악행자(息惡行慈)의 뜻으로 부지런히 율의를 닦고 악을 그치고 자비를 행하는 사람을 말하는데, 마하승지율에서는 "7세로부터 13세까지를 구오사미(驅烏沙彌), 14세부터 19세까지를 응법사미(應法沙彌), 20세부터 70세까지를 명자사미(名字沙彌)라" 하여 불승일체를 만년사미로 작정하였고, 또 "출가하여 10계를 받으면 사미소승(沙彌小僧), 20세가 되어 비구계를 받으면 사미대승(沙彌大僧)이라 한다" 하였으므로, 여기서는 출가 입산하여 사미 10계를 받되 아직 비구계를 받지 않은 20세 미만의 동정승을 총칭한다.

그런데 "사미승과 동행하지 말라"한 것은 사람은 항상 올려 사귀되 내려 사귀지 말라 하신 말씀이다. 사미는 아직 어려 배울 것도 없을 뿐 아니라 자칫 잘못하면 생각이 잘못 되어 범행(同性戀愛)할 수도 있기 때문이다.

사미율의에서는 행자가 선방에 들어가는 법을 "큰 방 복판으로는 지나다니지 못한다. 자리에 오르고 내릴 때에는 조심스럽게 하여 옆 사람을 시끄럽게 하지 말라. 대중이 경을 보는 시간 이외에는 자리에 앉아 글씨 쓰면 못쓴다. 자리 위에 모여 앉아 차를 마시거나 이야기 하면 못쓴다. 자는 시간에는 일체 대화할 수 없고 선좌(禪坐)에 앉아 바느질 하지 말라. 자리에 옷이나 이불을 털어 소리

내거나 바람을 일으켜서도 안되고 큰 소리로 사람을 부르고 대답하면 못쓴다. 문은 조용히 열고 닫고 기침 재치기도 되도록 조용히 하며, 가래가 나오면 흔적없이 뱉으라. 도반을 만났더라도 큰방에 오래 앉아 이야기 하지 말고, 또 세상일은 말하지 말라. 만일 꼭 해야 할 이야기가 있으면 선방을 나와 간단히 이야기 하라" 하였다.

다음은 인사에 관한 이야기다.

(2) 인사 차례를 주의하라(愼人事)

【원문】 愼人事往還
　　　　 신 인 사 왕 환

【역문】 분주히 인사 차례 하고 다니지 말라.

"인사"란 안부를 묻거나 공경하는 뜻을 나타내기 위하여 예를 표하는 것이다. 말하자면 서로 알지 못하던 사람들이 성명을 통하여 자기를 소개하고 인사하며 개인의 신분이나 능력을 따라 일신상의 언어나 기업경영에 관한 온갖 일들을 배경으로 갖가지 예를 갖추는 것을 말한다.

선방은 고요히 공부하는 곳이므로 있는 듯 없는 듯 흔적없이 공부에만 열심히 하여야 한다.

다음은 타인의 장단점 보는 것을 주의하였다.

(3) 좋고 나쁜점 보지 말라(愼好惡)

【원문】 愼見他好惡
　　　　 신 견 타 호 오

【역문】 다른 사람들의 좋고 나쁜 점을 보지 말라.

"좋고 나쁜 점"이란 좋아하는지 미워하는지 동정을 살피는 것을 말한다. 일체의 감정을 놓아버리고 오직 심성의 흐름을 관하면 본래면목을 찾는 것이 선방인데 어찌 그런 장소에서 호오(好惡)를 따져 패거리를 짓는다면 되겠는가.
다음은 문자에 관한 것이다.

(4) 문자를 조심하라(愼文字)

【원문】 愼探求文字
　　　　신 탐 구 문 자
【역문】 문자를 탐하여 구하지 말라.

"문자"란 옛부터 내려오는 글귀나 조사스님들의 어록을 말한다. 혹 공부의 징험을 위해 틈나는대로 조금씩 볼 수는 있지만 학자들처럼 문자에 얽매여 말이나 소리를 내어 스스로의 느낌을 발표하고 전달, 기록하는 일을 금하게 되어 있다. 글씨나 수·양·도형을 그려 묻고 답변하는 일은 선방에서 해서는 안되는 것이다.
다음은 잠을 경계한 글이다.

(5) 수면을 과도하게 하지 말라(愼睡眠)

【원문】 愼睡眠過度
　　　　신 수 면 과 도
【역문】 잠을 과도하게 자지 말라.

"잠"이란 의식없이 누워 있는 상태를 말하고, "수면"은 누에가 허물을 벗기 위하여 뽕을 먹지 않고 잠시 쉬는 상태와 같은 것인데 성성력력(惺惺歷歷)해야 할 선방에서 졸음으로 세월을 보낸다는 것은 있을 수 없는 일이다.
다음은 반연을 경계한 곳이다.

(6) 반연을 쉬라(愼攀緣)

【원문】 愼散亂攀緣
　　　　 신 산 란 반 연

【역문】 어지럽게 반연하지 말라.

　참선(參禪)을 한다는 것은 자신의 어지러운 심식(心識)을 안정하여 자성상(自性上)에 정혜(定慧)를 고르므로 업을 삼는 것인데 인사를 한다고 이리 저리 쏘다니고 남의 잘 하고 잘 못하는 것을 보아 분별을 일으키고 문자를 탐하여 어지럽게 반연할 수 있겠는가. 도는 알고 알지 못한 데 있는 것이 아니고, 또 배운다고 얻어지는 것이 아니다. 모든 부처님의 열반정로와 일체 선지식의 깨달아 깨끗해진 마음은 문자에도 있지 않고 소리나 빛에도 있지 않다. 그러므로 "문자를 탐구하지 말라" 한 것이다.

　그러나 "문자를 탐하지 말라"는 말은 언어를 탐하여 요술을 부리지 말라는 말이지 그 뜻마저 버리지 말라는 말은 아니다. 도를 배우는 데는 특별한 요술이 있는 것이 아니라 다만 마음속에 끝없이 익혀온 의식종자를 관달하여 욕의 경계를 대하더라도 마음에 동함이 없으면 설사 큰 도를 하루 아침에 깨치지 못한다 하더라도 자연히 청정한 법신이 심중에 현현하게 되는 것이다.

　그러므로 수심결(修心訣)에 "한량없는 세월이 지나도록 몸을 태우고 팔을 사루며, 하루에 한 때만 먹고 내지 일대장교를 다 읽어 갖가지 고행을 하여도 모래를 쪄서 밥을 지으려 하는 것과 같아 스스로 수고로움만 더할 뿐이다" 하고, "단지 자기 마음을 알면 항사법문(恒沙法門)과 한량없는 묘한 뜻을 구하지 않아도 얻는다" 하였다, 마음 밖에 불(佛)이 없는 까닭이다.

　그렇다고 올연히 앉아 목석처럼 앉아 졸기만 하라는 말은 아니다. 참선은 적연(寂然)하되 혼침이 없어야 한다. 광겁장도(廣劫障道)에 수마(睡魔)가 막대하기 때문이다. 그러므로 "지나치게 자지 말라" 한 것이다. 절에서 잠자는 시간은 대개 밤 열시부터 아침 세시까지 다섯 시간으로 정해져 있다.

　다음은 법을 듣는 방법이다.

(7) 법문 듣는 방법(聽法法)

"법문이란 중생이 부처님의 가르침을 배우기 위하여 묻고 답변하는 의식이다. 여기에는 지도자와 배우는 사람과의 관계도 중요하지만 대중처소의 기본자세 또한 중요하다.
먼저 법에 대한 청법자의 자세가 나온다.

① 현애상(懸崖想)과 관문상(慣聞想)

【원문】 若遇宗師陞座說法 切不得於法 作懸崖想 生退屈心 或作慣聞想
약 우 종 사 승 좌 설 법 절 부 득 어 법 작 현 애 상 생 퇴 굴 심 혹 작 관 문 상

生容易心
생 용 이 심

【역문】 만일 종사스님께서 자리에 올라 설법하시는 것을 만나거든 간절히 법에 현애상을 지어 퇴굴심을 내지 말고 관문상을 지어 용이심을 내지 말라.

"종사"는 부처님의 바른 법을 전하여 다른 사람들로부터 존경을 받는 큰 스님이다. "자리"는 법상이니 종사스님이 설법하실 때는 으레 큰 법상, 즉 사자좌에 올라 하시게 되는 까닭이다.
"현애"는 천야만야한 낭떠러지이니 참으로 오르기 어려운 곳이다. 사람들은 대개 그러한 곳을 보면 미리 겁내 나는 올라갈 수 없다 생각한다. 어렵다고 하는 생각을 '현애상', 올라갈 수 없다고 물러나는 생각 하는 것을 '퇴굴심'이라 한다. 그러나 아무리 높고 높은 봉우리라도 오르고 또 오르면 결국엔 정상을 정복하고 만다.
"태산이 높다 하되 하늘 아래 뫼이로다.
오르고 또 오르면 못 오르리 없건마는
사람이 뫼 아니 오르고 뫼만 높다 하더라."
하는 시가 있지 않는가.
"관문상"이란 습관적으로 들은 말이라고 생각하는 것이다. 이런 생각을 하면 너무 쉬운 생각, 즉 용이심이 일어나서 방일하기 쉬운 것이다. 아무리 쉽고 늘

들은 소리라도 생각을 비어 들으면 반드시 기발(機發)의 때가 있을 것이다.
　다음은 생각을 비워 듣도록 경계한 글이다.

② 생각을 비우고 들으라(虛懷聞)

【원문】　當須虛懷聞之 必有機發之時 不得隨學語者 但取口辦
　　　　　당 수 허 회 문 지　필 유 기 발 지 시　부 득 수 학 어 자　단 취 구 판
【역문】　마땅히 생각을 비워 들으면 반드시 근기를 촉발할 때가 올 것이니 말해주는 사람들 만을 따라 단지 입으로만 판단하지 말라.

　그릇을 비우면 새 음식을 담을 수 있듯이 생각을 비우면 새로운 법문을 수용할 수 있는 자세가 갖추어진다. 평상시 듣지 못하던 소리 보지 못하던 것을 생각을 비우면 듣고 보게 된다.
　옛날 청허도인(淸虛道人)은 길 가에서 우는 닭소리를 듣고도 "발백심비백(髮百心非白)"의 소식을 얻어 "장부의 능사를 필했다" 하며, 만공월면(滿空月面)선사는 아침마다 듣는 종소리(應觀法界性 一切唯心造)를 듣고 "계명축시인일출(鷄鳴丑時寅日出)"을 증득하였다 한다.
　어느 사람이 낙촌의 닭소리를 듣지 못하는 자 있을 것이며, 어느 중이 산사의 종소리를 듣지 못하는 자 있겠는가. 하지만 마음을 비우지 못하고 혹 관문상을 일으켜 방관하고 혹 현애상을 내어 퇴굴심을 일으키므로 기발의 때가 이르러 오지 못하는 것이다.
　먼저 깨치고 나중에 깨치는 것은 차이가 있을지라도 언젠가 한 번은 결국 깨치고 말 것이니 국사의 이 간절한 말씀을 쉽게 간과하지 말라.
　다음은 비유를 들어 미련하고 지혜있는 사람들의 배움과 차이를 설명한 곳이다.

③ 우지학(愚知學)

【원문】　所謂蛇飮水 成毒 牛飮水 成乳 知學 成菩提 愚學 成生死 是也
　　　　　소 위 사 음 수　성 독　우 음 수　성 유　지 학　성 보 리　우 학　성 생 사　시 야
【역문】　소위 뱀이 물을 마시면 독을 이루고, 소가 물을 마시면 젖을 이루듯 지혜있

는 사람의 배움은 보리를 이루고, 어리석은 사람의 배움은 생사를 이룬다 한 것이 이것이다.

"뱀이 물을 마시면 독을 이루고, 소가 물을 마시면 젖을 이룬다"한 말은 물은 같은 물이어도 받아 드리는 그릇에 따라 이렇게 현저한 차이를 낼 수 있다는 말이다. 부처님 당시 불교 교단에는 데바닷다와 같이 총명한 제자가 있었지만 출라판타카와 같은 어리석은 제자도 있었다.

그러나 데바닷다는 스스로 자기의 총명을 믿으므로 출세간에 있으면서도 세간의 명예와 이익을 버리지 못해 부처님의 독신자 아사세왕의 아들 아자타사투태자를 꼬여 아버지 빔비사라왕을 죽이게 하고 왕위를 찬탈하게 하는 한편 자기는 부처님의 자리를 빼앗으려 온갖 계교를 다 부리다가 마침내는 실패하고 결국 무간지옥에 떨어졌지만 출라판타카는 자기의 어리석음을 부끄러워하므로 마침내 도를 깨쳐 대보리를 성취하게 된 것이다.

"보리"란 범어 Boddhi로서 "깨달음" 즉 "각(覺)"을 의미한다. 바른 견해가 유주계념(流注係念)하여 성성력력 불매건곤(不昧乾坤)할 때 능관(能觀)의 지혜 가운데서 보리가 성사되고 바르지 못한 지견이 나와 남을 계탁(計度)하면 아만·아심을 일으키므로 우치를 지어 생사의 종자를 일으키는 것이다.

그래서 불가에서는 어리석을 치자를 두 가지로 쓰는 데, 하나는 병들 역(疒)속에 알 지(知)자를 넣은 것(痴)이니 어설프게 아는 것이 병이라는 뜻이고, 다른 하나는 병들 역(疒)속에 의심 의(疑)자를 넣은 것(癡)이니 의심하는 것(眞理)이 병이라는 것이다.

다음은 법사에 관한 것이다.

(8) 법사를 존경하라(敬法師)

"법사"는 불법을 수지·독송·서사·해설하는 사람이다. 그런데 이런 사람을 업신여기고 공경하지 않는다면 다시 불법을 공부할 자격을 박탈하게 된다.

① 법주를 업신여기지 말라(不生輕薄想)

【원문】 又不得於主法人 生輕薄想 因之於道 有障 不能進修 切須愼之
우 부 득 어 주 법 인 생 경 박 상 인 지 어 도 유 장 불 능 진 수 절 수 신 지

【역문】 또 법을 설하는 주인에게 경박상을 내지 말라. 그로 인하여 도에 장애가 생기면 나아가지 못할 것이니 간절히 모름지기 삼가 하라.

부처님 당시 5비구(교진여 등)는 부처님께서 성도하시기 직전 선생녀에게 유미죽을 받아 잡수시는 것을 보고 "그는 타락했다" 하고 그를 버리고 베나레스(鹿野園)로 떠나 "누구든 부처님을 보더라도 절하지 말자"고 약속하였다.

그러나 부처님께서 성도 후 최초로 그들을 찾으셨을 때 그들은 서로 약속이나 한 듯이 똑같은 시간에 똑같이 일어나 절하고 "잘 오셨습니다. 세존님" 하고 맞아들였다. 이로 인하여 부처님께서는 그들을 위하여 4제, 12인연 등의 법문을 일러 무생법인(無生法忍)을 얻게 하시니 이것이 법륜의 최초 사실이다. 만일 그들이 부처님을 계를 범한 죄인이라고 경박상(輕薄想)을 내어 따르지 아니했다면 무생법인은 고사하고 생사의 구렁에 빠져 다시 헤어나지 못했을 것이다.

중국에 원오극근(圓悟克勤)선사도 처음에는 하루 천언의 글을 외울 정도로 총명하여 크게 명성을 떨쳤는데 늦게 5조 법연(法演)선사에게 이르러 인가를 청했으나 허락하지 않았다. 사가 드디어 5조에게 불손한 말을 던지고 뛰쳐나가자 5조께서 "네가 한 번 되게 열병을 맛보아야 나를 생각할 것이다" 하였다. 사가 뒤에 과연 금산(金山)에 이르러 극심한 열병에 걸렸는데 평소의 견처(見處)를 가져 아무리 시험해 보아도 헤어날 길이 없었다. 그때야 비로소 5조스님을 생각하고 크게 울었다 하니 어찌 삼가 하지 않겠는가.

다음은 논을 이끌어 인증하였다.

② 논증(論法)

【원문】 論云 如人 夜行 罪人 執炬當路 若以人惡故 不受光明 墮坑
　　　　 논운 여인 야행 죄인 집거당로 야이인오고 불수광명 타갱

　　　　 落塹去矣
　　　　 락참거의

【역문】 논에 이르되 어떤 사람이 밤에 길을 가는데 죄인이 홰를 들고 길에 나왔다고
하여 사람이 싫은 까닭에 불빛을 받지 않는다고 하면 구렁에 떨어져 가고 구
렁에 떨어져 가게 된다 하였다.

그러므로 "법문을 들을 때에는 엷은 어름을 밟아 가는 것같이 귀와 눈을 기울여 현음을 듣고 정신을 가다듬어 깊은 이치를 맛보다가 당에 내려온 뒤에는 조용히 앉아 관하되 의심한 바가 있으면 널리 선각에게 물으라"하신 것이다.
　다음은 법문 듣는 자세를 설한다.

③ 법문 듣는 자세(聞法姿勢)

【원문】 聞法之次 如履薄氷 必須側耳目而聽玄音 肅情塵而賞幽致 下
　　　　 문법지차 여리박빙 필수측이목이청현음 숙정진이상유치 하

　　　　 堂後 默坐觀之 如有所疑 博問先覺 夕惕朝詢 不濫絲髮
　　　　 당후 묵좌관지 여유소의 박문선각 석척조순 불람사발

【역문】 법을 들을 때에는 엷은 얼음을 밟아 가는 것같이 반듯이 귀와 눈을 기울여
현음을 듣고, 정신을 가다듬어 깊은 이치를 맛보다가 당에 돌아온 뒤에는 조
용히 앉아 관하되 의심나는 바가 있으면 널리 선각에게 묻고 저녁에 생각하
고 아침에 물어 털끝만큼도 넘어서지 말라.

"당"이란 자기가 거처하는 집이다. 원래 송광사에는 상대, 하대가 있는데 상
대를 선방, 하대를 일반 중요소로 사용하였다. 상대에는 조사스님이 거처하는
조사전, 일반스님들이 사용하는 상사당, 하사당(이 둘은 현재도 남아 있는데 상
사당을 三日禪院이라 하여 선방으로 쓰고, 하사당은 국보로 지정되어 人居를
불허한다)이 있으며, 중승(衆僧)으로 선방에 참입한 스님들이 거처하는 청운당

(靑雲堂), 백운당(白雲堂)이 있고, 또 법사스님께서 법문하는 설법전이 있다.

그러니까 설법전에서 들은 법문을 자기 거처인 상·하사당이나 청·백운당에 가서 묵좌관지(黙坐觀之)하라 하신 것이다. 이것은 송광사를 하나의 예로 들었으니 그렇지 시속 거처는 어떠하듯 법문 들을 때는 마땅히 이와 같이 듣고 이와 같이 행하여 내것을 만들어야 한다는 말이다.

사미율의에서도 법을 듣고 큰 스님 찾아갈 때 주의하여야 할 사항을 다음과 같이 말씀하시었다. 즉 설법이 있을 때에는 "법당에 들어가라는 패(안내판)를 보고 미리 들어가 의복을 정돈하고 바로 보고 단정히 앉되 법고 칠 때까지 기다리지 말라. 앉아서는 마음을 비우고 청법의 그릇을 깨끗이 청소하되 쓸데없는 이야기를 한다든지 큰 기침하면 못쓴다. 법문들을 때에는 듣고는 생각하고 또 생각하여서 닦아 행하되 말구절만 기억하여 이야기 꺼리만 삼으면 못쓴다. 알지 못하는 것을 아는 척 해도 못쓰고 한 귀로 듣고 한 귀로 흘려도 못쓴다. 자신이 들어 익힐 만한 힘이 없으면 경율을 더욱 익힌 후에 강의실에 들어갈 것이다."

만일 큰 스님을 찾아가게 될 때는 "좋은 벗을 선택하여 동행하고 스님을 뵙고 도를 물어 생사를 판단할지언정 강산이나 구경하고 여러 곳으로 다니면서 자랑거리나 장만하면 못쓴다" 하였다.

이상이 사당승청규이다. 다음은 전체적인 면에서 결론을 내린다.

4. 결론(結論)

결론은 두 가지로 집약된다.
첫째는 바른 믿음이고
둘째는 깨달음을 완연히 하는 것이다.

(1) 바른 믿음에서 물러나지 말라(正進不退)

① 바른 믿음으로 도를 삼으라(正信爲道)

【원문】 如是 乃可能生正信 以道爲懷者歟
　　　　여시 내가능생정신 이도위회자여

【역문】 이렇게 하여야 가히 능히 바른 믿음을 내어 도로서 살아가는 사람이 될 것이다.

"바른 믿음"이란 인과 인연 마음의 법을 중심으로 바른생활을 실천해 나가는 것을 말한다.

"믿음"은 도의 근원이요 공덕의 어머니다. 믿음이 없는 자는 생의 목표가 없는 자라 마치 부평초와 같은 것이다. 그른 줄을 알고도 믿고 버리지 못하는 것을 사신(邪信), 무엇인지도 모르고 믿는 것을 미신(迷信), 남이 좋다고 하니 그저 따라 하는 신앙을 맹신(盲信)이라 하고, 사미(邪迷)가 없이 그 근본(우주와 인생)을 밝혀 보고 있는 바 그대로 믿고 행하는 것이 정신(正信)이다.

다음은 번뇌 습기를 경계한 글이다.

② 번뇌습기(煩惱習氣)

【원문】 無始習熟 愛欲恚癡 纏綿意地 暫伏還起 如隔日瘧
　　　　무시습숙 애욕에치 전면의지 잠복환기 여격일학

【역문】 비롯함이 없이 익혀온 애욕에치(愛欲恚癡)가 의지에 솜 얽히듯 하여 잠깐 엎드렸다 다시 일어나는 것이 격일학(隔日瘧)과 같다.

"애욕에치(愛欲恚癡)"는 3독이니 애욕의 욕(欲)은 탐욕이고 에(恚)는 진에며 치(癡)는 우치다. 이 세 가지는 부딪히면 반드시 몸에 해독을 끼치므로 독이라 한다. 사람이 이 세상에 태어나 하고 많은 고통을 겪는 것은 이 세 가지 독종자가 마음 가운데 뿌리를 박고 무성하게 자라고 있는 까닭이다. 도업을 이루어 간다는 것은 곧 이 독을 제거하는 작업이다. 그러므로 "일체 시간 가운데 바로 모름지기 제독할 행을 더할 수 있는 지혜와 방편의 힘을 써서 간절히 도심을 보호하라"한 것이다.

만일 그렇게 하지 않으면 마음 가운데 얽혀 있는 애욕에치가 격일학과 같이 기복하여 길이 끊어지지 않게 되기 때문이다.

"격일학(隔日瘧)"은 하루 떼고 하루 앓는 "말라리아"병 같은 열병이니, 속칭 "하루거리"이다.

다음은 행을 더할 수 있는 편리한 방편에 대해서 설명한다.

③ 가행방편(加行方便)

【원문】 一切時中 直須用加行方便智慧之力 痛自遮護 豈可閒謾 遊談
일체시중 직수용가행방편지혜지력 통자차호 기가한만 유담

無根 虛喪天日 欲冀心宗而求出路哉
무근 허상천일 욕기심종이구출로재

【역문】 일체 시간 가운데 바로 모름지기 행을 도울 수 있는 지혜와 방편의 힘을 써서 간절히 스스로 닫아 보호할지언정 어찌 가히 한가히 근거 없는 말로 놀아 헛세월을 보내고 심정(心定)을 밝혀나갈 길을 구하지 않을 것이냐.

"행을 도울 수 있는 방편과 지혜"는 바른 믿음을 실천하는 데 도움이 되는 방편과 지혜를 말한다. "지혜"는 범어 prajña로서 꾀가 아니라 사리를 바르게 관찰할 수 있는 힘이고, "방편"은 수단이니 말하자면 "개도 불성이 있습니까" 할 때 "개는 불성이 없다"한 것이나, "달마대사가 인도에서 동토(중국)에 오신 뜻이 무엇입니까"할 때 "뜰 앞의 잣나무니라" 하신 것 같은 가설방편을 말한다. 절에서 만일회(萬日會)를 조직하고 염불동참을 권장하는 것이나 백팔참회도량을 실시하고 날로 3천번 절을 하도록 권장하는 것도 다 한 가지 선교방편이다. 그러므로 그러한 방편은 그 방편 자체에 뜻이 있는 것이 아니라 그것을 반연하여 더욱 깊은 행을 일으키고 마침내 견성성불하여 도리어 중생을 제도할 수 있으므로 의의가 있는 것이다.

다음은 선한 일로 생각을 조정해 가는 것이다.

④ 천선개회(遷善改悔)

【원문】　但堅志節　責躬匪懈　知非遷善　改悔調柔
　　　　　단 견 지 절　책 궁 비 해　지 비 천 선　개 회 조 유

【역문】　단지 의지와 절개를 굳게 하여 몸의 비해(匪懈)를 꾸짖고 그름을 알아 착한 길로 옮겨 조심스럽게 고쳐 나아가야 한다.

"의지와 절개"는 도 해가는 마음이다. 아무리 절간이라 하더라도 사람이 사는 곳이니 그름이 있을 수도 있고, 또 게으른 마음이 날 수도 있다. 잘못된 일이 있고 마음이 게을러졌다고 해서 도리어 나태심(懶退心)을 일으켜서는 안된다는 말이다. 그럴수록 몸에 비해(匪懈)를 꾸짖고 그름을 알아 착한 길로 옮겨 조심스럽게 고쳐 나가야 한다는 말이다. 부지런히 닦으면 관해 가는 힘이 점점 깊어지고 갈고 또 갈면 행하는 문이 더욱 깨끗해지기 때문이다. 옛말에 "옥불탁(玉不琢)이면 불성기(不成器)요 인불학(人不學)이면 부지도(不知道)라"는 말이 있지 않는가.

다음은 관력을 연마하라 경계한 글이다.

⑤ 관력연마(觀力鍊磨)

【원문】　勤修而觀力　轉深　鍊磨而行門　益淨
　　　　　근 수 이 관 력　전 심　연 마 이 행 문　익 정

【역문】　부지런히 닦으면 관하는 힘이 점점 깊어지고, 갈고 또 닦으면 행하는 문이 더욱 깨끗해지게 된다.

"관하는 힘"이란 안으로 자신을 반조하는 힘이고, "행하는 문"은 밖으로 실천을 궁행하는 문이다. "행지구비(行智具備)는 수레의 두 바퀴와 같고, 자리이타(自利利他)는 새의 두 날개와 같다" 하였다. 아무리 좋은 음식을 보았다 할지라도 먹지 않으면 배부르지 않는 것같이 스스로 깨닫고도 실천함이 없으면 아무런 가치가 없는 것이다.

⑥ 난조지상(難遭之想)과 경행지심(慶幸之心)

【원문】 長起難遭之想 道業 恒新 常懷慶幸之心 終不退轉
장 기 난 조 지 상 도 업 항 신 상 회 경 행 지 심 종 불 퇴 전

【역문】 길이 만나기 어려운 생각을 하면 도업이 항상 새롭고 항상 경사스럽고 다행한 마음을 내면 마침내 물러나지 않으리라.

 사람이 이 세상에 한 번 태어난다는 것은 눈먼 거북이가 천년만에 한 번 바다 속을 빠져 나와 때마침 의지할 뗏목을 만나는 것 같으므로 "맹구우목(盲龜遇木)"이라 한다. 요사이 인구가 폭증하여 사람은 천해지고 물품은 귀해져서 사람 하나 죽는 것이 길가에 벌레 한 마리 죽는 것이나 다를 것 없이 취급되나 한 번 사람 몸을 잃으면 만겁에도 찾기 어렵다는 것이다.
 귀신(鬼神)은 유수(幽愁)의 고가 있고 수라(修羅)는 전진(戰塵)의 통(痛)이 있으며, 조수(鳥獸)는 휼월(獝狘)의 비(悲)가 있다. 하늘 신들은 낙을 받기에 여념이 없는데 지옥 아귀는 극난의 형을 받기에 여념이 없다.
 그러므로 "그래도 마음을 가다듬고 관행(觀行)을 오로지 하여 보리에 취향할 자는 오직 인간뿐이다" 하였으니 사람은 마음 가운데 천옥(天獄)의 정을 다 갈무리고 있기 때문이다.
 경에 이 세상 네 가지 만나기 어려운 것이 있으니 "하나는 사람으로 태어나기 어렵고(人生難得), 둘은 남자로 태어나기 어렵고(男子難得 ; 여자는 생리적으로 번뇌가 많기 때문), 셋은 건강한 몸 받기가 어렵고(正身難得), 넷은 바른 법 만나기 어렵다(正法難得)" 하였다.
 다행히 사람의 몸을 받고 또 건강한 몸을 얻고 또 만나기 어려운 법을 만나 배우게 되었으니 어찌 경행(慶幸)의 마음을 일으키지 않고 난조(難遭)의 상(想)을 내지 않을 수 있겠는가. 그러므로 "길이 만나기 어려운 생각을 하면 도업이 항상 새롭고 항상 경사스럽고 다행한 마음을 내면 마침내 물러나지 않을 것이다"한 것이다.
 다음은 각행원만이다.

(2) 각행원만(覺行圓滿)

불교의 목적은 첫째는 깨달음을 통해 인격을 형성하는 것이고, 둘째는 널리 중생을 제도함으로써 불국정토를 건설해가는 것이다.

① 인격완성(人格完成)

【원문】 如是久久 自然定慧圓明 見自心性
　　　　 여시구구　자연정혜원명　견자심성

【역문】 이와 같이 오래 오래 하면 자연 정혜가 뚜렷이 밝아 자기 마음의 성품을 보게 되리라.

"정"은 요지부동이니 어느 때 어떠한 경계에서도 흔들림이 없는 마음이고, "혜"는 지혜이니 동요하되 걸림없이 사물을 관찰하는 마음이다. 그러므로 정혜는 일심이면(一心二面)이다. 성성적적하면서도 적적성성한 마음, 이 마음이 불심이고 이 마음이 곧 중생심이다. 이 마음을 깨달으면 부처가 되고 이 마음이 미(迷)하면 중생이 된다. 그래서 "정혜가 뚜렷이 밝으면 스스로 마음의 성품을 본다"한 것이다.

이렇게 마음의 성품을 보는 자는 자신으로 보아서는 이제 할 일을 잊게 되는 것이다. 그래서 옛 선사 가로되 "배고프면 먹고 졸리면 자라"하신 것이다. 그러나 아직도 이 세상엔 할 일이 너무 많다. 나 혼자만 배부름을 얻었다고 헐벗고 굶주린 내 부모, 형제를 그대로 두고 볼 수 있으며, 나 혼자만 생사를 해탈했다고 생사 속에 허덕이는 수없는 중생들을 그대로 버려둘 수 있겠는가. 내가 배부르면 남도 배부르게 해줄 줄 알고, 내가 벗어났으며 남도 구해 벗겨주는 것이 불법이요 불(佛)인 것이다.

다음은 그 깨달음을 의지하여 널리 중생을 제도하는 것이다.

② 광도중생(廣度衆生)

【원문】 用如幻悲智 還度衆生 作人天大福田
　　　　 용여환비지　환도중생　작인천대복전

【역문】 환(幻)과 같은 자비 지혜를 써서 중생을 제도하여 인천의 큰 복전이 되라.

중생은 허환(虛幻) 속에서 나타난 물건이다. "허"는 빈 마음이고 "환"은 그 빈 마음속에서 나타난 그림자, 탈바가지 그래서 그 탈바가지를 보고 온갖 놀음을 하고 사는 것이 중생이다. 그러므로 그들을 제도할 때는 그들이 좋아하는 탈바가지를 쓰지 아니하면 안된다. 환과 같은 자비와 지혜, 이것이 곧 제불보살들의 지혜이고 방편이다.

"복전"은 복 밭이니 복의 씨를 뿌려논 밭이라는 말이다. 자성을 깨달아 불을 이루고 환과 같은 자비 지혜를 써서 중생을 제도하면 인간과 천상의 모든 무리들이 그를 의지하여 복을 받고 또 새로운 복밭을 마련하게 되므로 "인천에 큰 복전을 짓는다" 하신 것이다.

그런데 이 글을 보고 이미 깨달음을 얻었으면 그대로 각행만을 원만히 실천하면 되겠지만 그렇지 못하면 끝까지 힘써야 된다. 그러므로 마지막 결론이 절수면지(切須勉之)다.

③ 절수면지(切須勉之)

【원문】 切須勉之
절 수 면 지

【역문】 간절히 모름지기 힘쓸지어다.

공부는 힘쓰지 않고 노력하지 아니하면 안된다. 나무를 비벼 불을 일으킬 때 도중에 조금만 쉬어도 다시 본자리로 돌아가듯 높은 산악을 오르던 수레바퀴가 잘못 괴어 놓으면 그대로 곤두박질하여 본래 상태보다도 더 멀리 뒷걸음질 쳐 나아가듯 공부도 마찬가지다. 그래서 마음먹었을 때 가닥을 내야 하는데 그냥 먹고 자고 놀고 하는 마음을 가지고는 안된다. 농부가 지게를 지고 땀을 뻘뻘 흘리듯, 고양이가 쥐를 잡기 위해 쥐구멍을 노리고 있듯, 항상 깨어있는 마음으로 정진하여야 할 것이다.

이것이 보조국사가 계초심학인문을 지어 초발심행자에게 간절히 부촉한 글이다.

誠初心學人文
처음 발심한 학인들을 경계한 글

인쇄일	2006년 7월 5일
발행일	2006년 7월 15일
발행인	한 정 섭
편 저	보 현
발행처	불교정신문화원
	경기도 가평군 외서면 대성리 산 185번지
	전화 / (031) 584-0657 · 4170
	등록번호 / 76.10.20 경기 제6호
인쇄처	이화문화출판사 (02-732-7096~7)
총 판	130-011 서울 동대문구 청량리동 54-6
	Tel : (02)962-1666
	팩스겸용 : (02)969-2410

값 8,000원